子ども主役の学校へ、

いま名古屋から 学校は誰のもの？

探究

イエナプラン

なごや子ども応援委員会

自由進度学習

名古屋市教育委員会［著］
中谷素之・松山清美［編］

東洋館出版社

NAGOYA School Innovation

名古屋市教育委員会では教育改革を市全体で推進するため、「NAGOYA School Innovation（ナゴヤ　スクール　イノベーション）」と銘を打ち、社会が劇的に変化する中で、自らの可能性を最大限に伸ばし、人生をたくましく生きていく「なごやっ子」を育成するために学校がすべての子どもにとってよりよい成長の機会となるよう、子ども一人一人の興味・関心や能力、進度に応じた「個別最適な学び」と「協働的な学び」の一体的な充実を推進している。

NAGOYA
School Innovation

学校は誰のもの？
～子ども主役の学校へ、いま名古屋から～

はじめに

　名古屋に対してもつイメージはどうだろう。「なごやめし」のような関東でも関西でもない「独特」という感じや、尾張徳川家第七代・宗春公の「江戸（幕府）は質素倹約というけれど…」と反発したような「反骨精神」「独自路線」という感じだろうか。

　さて、実際はどうなのか？

　教育行政では子どものためになることなら国の提言等に沿い、時々の流行施策を採り入れるかは是々非々で判断というスタンス。むしろ、現場ニーズを直視して自発的に必要な施策を考え、手応えあれば全国に広げよう、日本のど真ん中の名古屋が「フロントランナー」になろうが信条なのだろうと思う。

　名古屋と東京や大阪などとの違いは、大都市なのに、子どもたちの教育を含めた生活環境は、中部エリアならではの豊かな郷土色をもっていることかと思う。地元の公立中学校への進学率も約９割で、７割台の東京23区などとは異なり、地方都市並である。他の教育関係データもほぼ全国平均に近く、このことは、名古屋で手応えのあった先進的施策は全国どこでもそのまま展開でき、効果を出しうることを意味すると考える。

　このような可能性をもつ施策の代表格が「ナゴヤ・スクール・イノベーション事業」。市立の幼稚園から高等学校までの実践校を核とした「子ども中心の学び」実現のためのプロジェクトで、特にイエナプラン教育を活用して授業改善を進める山吹小学校には、全国からの視察が絶えない。発信力の弱かった本市として、多くの来訪者から感想をいただき、また全国発信いただけることは、本当に励まされる思いである。

山吹小学校での自由進度学習の様子に来訪者は驚きの声を上げる。机の位置も自由で、数人で机を寄せ合い学び合う子どももいれば、一人で黙々とタブレット端末で学ぶ子ども、床にノートを広げて調べたことを一心不乱に書き込む子どももいる。教師は教壇ではなく子どもの間を歩き回りながら、一人ひとりの学習進度に応じてアドバイスするコーチ役となっている。まさに、これまでの一斉授業から転換し、「学びの景色」を変えることができた成功例と言える。

学校の「学びの景色」を変える名古屋のチャレンジ。「ナゴヤ学びのコンパス」もできた今、教育委員会の本気度と校長のリーダーシップ、実践者たる教員のチームワークがあれば、授業の内容も方法も変えられると信じる。また、「子ども観」も変わることで、皆が実感できる「子ども中心の学び」は確実に進み、名古屋の全学校園はもちろん、全国へも広げられるだろう。本書はまさに、名古屋のチャレンジの「これまで」と「これから」を網羅的かつ様々な角度から明らかにしようというものである。本書をきっかけに、さらなる教育論議が巻き起こることを願っている。

令和6年

名古屋市教育委員会

CONTENTS

Section 1

変わりゆく社会と新しい学校づくり

変わりゆく社会から置き去りの学校教育に、名古屋市は自治体レベルで立ち向かう。「学校はオワコンだ」と言わせず、「四度目の正直」を乗り越える覚悟で、市が抱える教育課題を発端に、本気で公教育の再構築にチャレンジを始める。

新しい学校づくりを目指して

名古屋市教育委員会

1／変わりゆく社会

元日本代表のサッカー選手である本田圭佑氏が2023年3月7日に

そもそも日本の教育には無理がある。小学校、中学校、高校と基本的に右向け右でやってて、大学から個性とか強みを磨けとか個々を求めても普通に考えたら厳しい。

とツイッター（現X）でつぶやいた。

また、日本で一番学校説明会に人が集まると言われ、塾に行かず、海外経験がなく、経済力が厳しい家庭の生徒を海外大学に多数進学させることで注目されている千代田国際中学校・校長の日野田直彦氏は、いまの学校は限界にきているということです。どうすればよいか迷走するばかりです。はっきりいって『オワコン』です。『終わったコンテンツ』ということです。

と述べている。

両氏は、学校教育のそのものが変わりゆく社会についてきておらず、変革していくことが求められていることを述べている。

1980年代後半、日本は空前の好景気になっていた。バブル経済で、日本は世界第2位の経済大国であった。12ページの表をご覧いただきたい。日本の企業は世界のトップ10に7社、トップ20に14社がランクイン。1989年のトップは、日本電信電話（NTT）である。2位から5位までも日本の銀行である。

では、34年後の2023年の世界ランキングではどうなっているだろうか。調べてみると、トップ20に日本の企業名がないという状況である。トップ5のアップル、アマゾン、アルファベット（グーグル）、マイクロソフトなどは、どれもがアメリカのシリコンバレーを中心としたIT企業である。トヨタ自動車はベスト30にも入っていない状況である。当時の銀行もつぶれたり、合併したりして、その名前が残っている銀行がない。

続いて、13ページの表を見てほしい。30年後の世界の人口とGDPランキングの予想を示すと、新たな事実がわかる。日本の人口は1990年代までは世界7位であったが、

	1989年	
順位	企業名	国名
1	日本電信電話（NTT）	日本
2	日本興業銀行	日本
3	住友銀行	日本
4	富士銀行	日本
5	第一勧業銀行	日本
6	IBM	アメリカ
7	三菱銀行	日本
8	エクソン	アメリカ
9	東京電力	日本
10	ロイヤル・ダッチ・シェル	イギリス
11	トヨタ自動車	日本
12	GE	アメリカ
13	三和銀行	日本
14	野村證券	日本
15	新日本製鉄	日本
16	AT&T	アメリカ
17	日立製作所	日本
18	松下電器	日本
19	フィリップ・モリス	アメリカ
20	東芝	日本

1989年「THE　ビジネスウィーク　グローバル1000」より作成

	2023年	
順位	企業名	国名
1	アップル	アメリカ
2	サウジアラスコ	サウジアラビア
3	マイクロソフト	アメリカ
4	アルファベット（グーグル）	アメリカ
5	アマゾン	アメリカ
6	バークシャ・ハサウェイ	アメリカ
7	テスラ	アメリカ
8	エヌビディア	アメリカ
9	ユナイテッドヘルス	アメリカ
10	エクソンモービル	アメリカ
11	ビザ	アメリカ
12	メタ・プラットフォームズ	アメリカ
13	台湾積体電路製造	台湾
14	テンセント・ホールディン	中国
15	JP モルガン・チェーズ	アメリカ
16	ルイヴィトン	フランス
17	ジョンソン&ジョンソン	アメリカ
18	ウォルマート	アメリカ
19	マスターカード	アメリカ
20	P&G	アメリカ

2023年2月28日の「wright Investors Service, Inc」より作成

将来予想される人口について

2020年

1	中国
2	インド
3	アメリカ
4	インドネシア
5	パキスタン
6	ブラジル
7	ナイジェリア
8	バングラデシュ
9	ロシア
10	メキシコ
11	日本

2050年

1	インド
2	中国
3	ナイジェリア
4	アメリカ
5	パキスタン
6	インドネシア
7	ブラジル
8	エチオピア
9	コンゴ民主共和国
10	バングラデシュ
……	
17	日本

UN『world Population Prospects:The2019Revision』より作成

２０２０年は11位。それが２０５０年には世界17位にまで後退すると言われている。

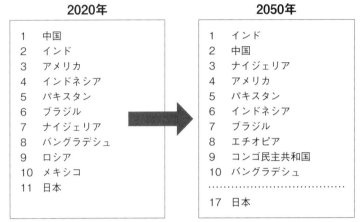

また、各国の経済規模はＧＤＰを指標として比較できる。ＧＤＰが大きいほど金持ちの国である。２０２０年の世界ランクで日本は3位であるが、今の高校生が社会に出るときにはインドに追い越されて4位に。働き盛りの２０５０年頃には7位まで後退すると予想されている。つまり、国内での消費や投資が少なくなり、仕事が減るということである。海外に出て、働き口をつくっていかなければならないという状況なのである。

これらの事実を知ると、これからの社会を生き抜く子どもたちが、果たし

将来予想されるGDPについて

順位	2020年	2050年
1	アメリカ	中国
2	中国	インド
3	日本	アメリカ
4	ドイツ	インドネシア
5	イギリス	ブラジル
6	インド	メキシコ
7	フランス	日本
8	イタリア	ロシア
9	カナダ	ナイジェリア
10	韓国	ドイツ

IMF「World Economic Outlook」より作成

て日本国内で働くことができるのか、先を見通すことができない。今の日本は課題が多く、課題先進国と言ってもよいのである。

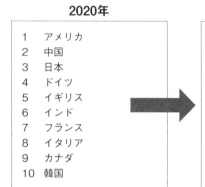

2 新しい学校づくりについて ～「四度目の正直」を乗り越える覚悟～

先ほど、今の日本の状況やこれからの未来の社会についていくつか事例を示した。劇的に変化している社会である。課題先進国日本。それなのに日本の学校は、日本の社会でしか生きていけないような大人を育てている。「旧帝大に行けば安泰だ」「大きな企業に就職すれば大丈夫」というような時代錯誤に陥った価値観を子どもにすり込まないようにしたいものである。

今の日本の学校では、21世紀の社会で生きていくために必要な力を身につけることは難しい。「学校は、オワコンだ」と言われる方の気持ちも大変わかる。だからこそ、新しい学校づくりをしていく必要がある。次章以降で紹介する「ナゴヤ・スクール・イノベーション」の取組は、学校はオワコンだと言わせない、日本の教育の希望となる教育改革の取組である。新しい学校とは、「ナゴヤ学びのコンパス」を基にした子ども中心の学びの景色のある学校である。私たちは新しい学校づくりを積極的に進めていくことで、よりよい未来を築く幸せな大人に子どもたちにはなってほしいと願っている。

文化庁次長の合田哲雄氏は、「今回が四度目。四度目の正直です。問われているのは、大人の意思です」と述べている。

実は、新しい学校づくりにおける公教育の再構築は、日本の教育史を振り返ると四度目だからである。

一度目は、100年前の大正自由教育である。これは日本中の教師たちが、「子どもには可能性がある。子どもの主体性を大事にした教育をしようじゃないか」と声を上げた。ところが、戦争へ突入し、子どもを強く育てて強い兵隊を育てようという流れになって、大正自由教育の動きの灯火は消えてしまった。

二度目は、1945年からスタートする戦後新教育である。しかし、経済成長、工業化の時代に伴って、「みんな同じように」「規律正しく」「我慢が大事」といった大量の労働者が求められ、狭い意味での学力向上に舵をきってしまった。

三度目は、１９９８年の学習指導要領の改訂である。完全週五日制下で、いわゆるゆとり教育を実現していこうとしたが、子どもの学力低下が世論で叫ばれ、見直しが行われてしまった。

そして、今が四度目である。この四度目の正直を名古屋市で新しい学校づくりを進めることで、公教育の再構築を実現したい。本市のアドバイザーである、熊本大学大学院准教授の苫野一徳氏は、「公教育の再構築は『何のための教育か』『何のための教師か』という一番の本質を手放さないことが大事である」と述べている。

新しい学校づくりは、立場を超えて対話をしていくことが不可欠である。本質に立ち戻りながら対話を積み重ね、名古屋市教育委員会は「四度目の正直を乗り越えていこう」と決意する。

公教育のチャレンジ開始
～名古屋市の教育課題から～

令和元年度、いじめ・不登校・自殺について様々な報道があり、全国的に大きな話題であるとともに、学校教育の課題であった。

名古屋市でも、近年いじめによる不幸な事案が数件あり、不登校も増加する一方であった。多様な課題を抱える名古屋市の学校教育の中で、最も大きな課題であり、最も困難な課題である。名古屋市立のすべての学校・園を対象として、子どもが安心・安全に学ぶ環境を早急に整える必要があった。まさに、市長が掲げるナゴヤ子ども応援大綱にある「日本で一番子どもを応援し、一人の子どもも死なせないマチ　ナゴヤ」の実現が課題である。

当然のことながら、この課題を克服するために、名古屋市教育委員会として、様々な取組が進められていたが、その取組の多くは、早期発見・早期対応するものであり、根本的に受け身の指導であった。大きな問題にならないうちにいじめの芽を摘む、不登校傾向のうちに復帰させることに全力を尽くしていた。大切な指導であるが、この指導は受け身であるため、教員の疲労感を増すばかりであると考えられた。

そこで、未然防止の策に目を向け、様々な調査する中で、子どもが最も長時間を過ごす授業の中に「居場所」をつくることが課題克服のために重要であるという結論に至った。ここで言う「居場所」とは、子どもが自分のペースで学ぶことができ、思ったことを自由に発言でき、何を言っても周りから認められ、自分がここにいてもよいと感じる場所のことである。それには、これまでの授業形態を大きく変える必要があると感じた。

戦後の高度経済成長を支えてきた一斉授業による学校教育は、十分にその効果を発揮してきた。しかし、その中で、少しずつ進行していたひずみは、「いじめ・不登校」といった形で姿を現してきたのである。これにいち早く気づいて、新しい学び方を模索し、実践している学校はいくつかあり、成果を出し始めていた。まずは、それらの学校の実践を調べ、何をすべきかを考えた。モンテッソーリから始まり、ＰＢＬ（プロジェクト・ベースド・ラーニング）、イエナプラン、ピアラーニングなど様々な学びについて改めて研究し、名古屋市の目指す方向を検討した。

その結果、一つの結論に達した。それは、名古屋市のすべての学校・園で実践できる授業改革は、授業形態を一つの方法で統一するのではなく、一つの理念を基にそれぞれの学校・園で工夫をして取り組む方法である。この理念を名古屋市として策定することが必要であると教育委員会で意思決定し、そのための準備を進めることにした。

まずは、名古屋市のすべての学校に対して、一斉授業からの脱却を宣言し、モデル校をつくることから始めた。そして、民間の力を導入して、モデル校を増やす計画を立てた。それらの実践を基に、名古屋市の学校教育の理念を策定することとした。

これが、一つの学校ではなく、政令指定都市である名古屋市全体で取り組む「公教育のチャレンジ」のスタートである。

実際に、スタートしてみたものの、これまでの部署での推進は困難を極めた。

学校現場からの「これまでの授業のやり方が間違っていたと言うのか」といった誤解が根強かった。これは、教育改革・授業改革といった「改革」という言葉に、拒否反応を示したこともあったと思われる。新しいことにチャレンジするのに、学校の業務量は増えるばかりだと考える校長もいた。「モデル校だけやればいいんじゃないか」といった声も聞かれ、モデル校を増やす計画は厳しい状況となった。

そこで、様々な場面で授業を変える必要性を語り、校長・教頭研修にもそれらを取り入れていった。令和2年度には、この事業を「ナゴヤ・スクール・イノベーション」と命名し、さらに教員への広報を進めた。その結果、新たなモデル校に141校が応募し、幼稚園で一つ、小・中学校で四つ、高校で一つのプロジェクトを進めることが可能になった。この六つのプロジェクトは、民間のノウハウや知恵を導入した令和3年度からの取組である。授業改革を進める必要性を感じて多くの学校が応募し、それぞれの学校の状況に応じて工夫された提案内容から、わずかながら手応えを感じ始めていた。これで、名古屋の学びの理念づくりに向かえると。

しかし、令和3年度、これらを進める上で、教育委員会事務局の業務量は計り知れないものとなっていた。最初のモデル校である矢田小学校には、民間とともに事務局からも常駐者を置いていた。さらに六つのプロジェクト、学びを広げるための学習会、学びを進めるために必要なICT環境の整備などの業務に追われる日々が続いた。

そこで、令和4年度に、ナゴヤ・スクール・イノベーション事業に専門で取り組む部署を設け、チャレンジすることと同時に働き方改革を進める業務を付加することにした。「新しい学校づくり推進部」である。教員出身の指導主事等と行政の主事等の32人構成でスタートした。

開設した「新しい学校づくり推進部」は、これまでの業務から離れた場所で、教育委員会の新しい施策を提案する部署とした。大きく分けて、以下の四つの柱に取り組んだ。

①ナゴヤ・スクール・イノベーション事業
②学校の環境づくり
③働き方改革
④相談体制づくり

①は、この部の根幹であり、名古屋市の学びの理念の策定を進める業務である。②は、不登校支援、夜間中学校設置等が業務である。③は、これらの新しいことを進めるためにも必要な学校の働き方改革を進める業務である。④は、学校の福祉的機能を高めるための業務である。

この部の取組は、名古屋市の課題を克服するためのものであり、子どもが居場所を見つけることができるものである。授業の中に居場所をつくるためのナゴヤ・スクール・イノベーション事業、校内に居場所をつくる校内フリースクール事業などはスタートからフル回転したが、その他はまだ手探りであった。

「公教育のチャレンジ」は、こうして少しずつ前進している。新しい部も2年目を迎え、いよいよ本格的な提案が続く。「ナゴヤ学びのコンパス」「小中一貫教育の推進に係る有識者等懇談会のまとめ」「働き方改革プラン」「夜間中学設置基本計画」等、様々な提案がある中、「ナゴヤ学びのコンパス」が名古屋の教育を大きく変えることになることは言うまでもない。

公教育を変える　名古屋の挑戦

熊本大学准教授　苫野　一徳

1　ナゴヤ・スクール・イノベーションの衝撃

この10年あまり、私は、「学びの構造転換」及びその先に実現したい「公教育の構造転換」について、多くの人と対話を重ね、その実現に向けて様々な活動を行ってきた。ナゴヤ・スクール・イノベーション事業（以下、「NSI事業」という）の始動は、そんな私にとって、一つの衝撃と共に、大きな希望を与えてくれるものだった。

何が衝撃だったか。それは、政令指定都市である名古屋市が、「学びの構造転換」に向けて自治体をあげて取り組むことを宣言したこと。名古屋市のような大きな自治体が、相応の予算を割いて「学びの構造転換」をここまで本気で目指した例は、これまでにほとんどなかったのではないかと思う。

そのインパクトは、全国にも波及した。今では、兵庫県芦屋市、石川県加賀市、富山市など、多くの自治体もまた、学びの転換に向けた取組をスタートさせている。広島県も、名古屋市とほぼ同じタイミングで、同じ方向性に向けた改革を始めていたが、今日、名古屋市と密に交流を深めながら共に取組を推進している。名古屋のプロジェクトは、全国的な「学び／公教育の構造転換」を実現するための、一つの先進事例にして起爆剤にもなっているのだ。

2／常に本質に立ち戻り、市民の対話によって進めること

さて、しかしこのような「イノベーション」を進めるに当たっては、決して忘れてはならない二つのポイントがある。

一つは、そもそも何のためにこのような学びの転換が必要なのかという、その目的・本質が、当事者――子ども、教師、保護者、地域の人たち、行政関係者など――に共有されていること。そしてもう一つは、行政による一方的な改革ではなく、右に挙げた当事者たちによる、「対話を通した合意形成」をベースに進めていくことである。

この数十年、国をあげての「教育改革」が、休むことなく叫ばれ続けてきた。それは時に、改革し続けること自体が自己目的化しているかのようでさえあった。学校現場は、そんな行政主導の改革に、いつも振り回されてきた（広田照幸［著］『教育改革のやめ方

――考える教師、頼れる行政のための視点』岩波書店、2019年／南部広孝［編著］、京都大学大学院教育学研究科教育実践コラボレーション・センター［監修］『検証　日本の教育改革――激動の2010年代を振り返る』学事出版、2021年、参照）。

それはまさに、そもそも何のための改革か、もっと言えば、そもそも学校は何のためにあり、どうあれば「よい」と言えるのかという、最も根本的な教育の目的・本質が見失われてしまっていたからである。さらにまた、学校づくりの主役が、子どもも含めた我々市民であることが、十分に自覚されてこなかったからである。

本書の冒頭でも書かれている通り、昨今の教育改革は、日本における四度目の正直である。これまでの三度の改革においては、残念ながら、右の二つの点が十分に自覚されていなかったように思われる。少なくとも、議論を常にここに立ち戻らせる意識が、全体として不足していた。そのために、改革にはいつも揺り戻しが起こり、右往左往が繰り返されてきたのである。

NSI事業の、そしてこれを一つの起爆剤とした全国的な四度目の正直の成功のためには、右の二点の自覚が何よりも重要である。そしてこの点についても、私は現時点において、十分な希望を感じている。

2018年末、NSI事業が本格始動する1年以上前に、このプロジェクトの始動に向けた先生方の学習会が教育委員会主催で開催された。私も講師にお招きいただき、まさに、

「そもそも教育とは何か、どうあれば『よい』と言いうるか」という公教育の哲学的な本質・目的を、先生方と共有させていただいた。そしてこの本質・目的を実現するためにこそ、これからゆるやかな、しかし確実な「学びの構造転換」が必要であることを、国内外の具体的な事例も交えながら共に学び、対話する機会をもつことができた。

この学習会には200人ほどの先生方が参加されたが、特筆すべきは、これが希望者による手挙げ方式の会であったことである。現場の先生方が、「上」から言われて渋々参画するというのでは何の意味もない。「主体的・対話的で深い学び」の実現と言うのであれば、教師自身のそのような学びの機会がしっかり保障される必要がある。そして行政は、そうした先生方をとことん支援する必要がある。関心のある人たちが、自ら当事者になって、対話を通して学校を共につくり合っていくこと。これが何より重要なことなのだ。

このことは、その後もNSI事業の基本姿勢になり続けてきた。第3章で紹介される矢田小学校では、松山清美・元校長も書かれている通り、「何のために」を常に全職員で対話し共有しながら実践が進められてきた。第4章で紹介される山吹小学校も同様である。

2022年には、「学びの方針検討会議」が開催され、2023年に「ナゴヤ学びのコンパス」が策定された（第6章参照）。それまでのNSI事業の取組を踏まえて、名古屋市全体で目指したい学びの在り方を描いたものである。

ここでも特筆すべきは、右の二点が常に底に敷かれていたことである。この会議の第一回目において、委員の間では、何のための「学びの構造転換」なのかということについて、改めて侃侃諤諤の議論が交わされることになった。「学びのコンパス」づくりは、名古屋市における——もっと言えばこの民主主義社会における——教育の最上位目的を見定め共有するところから始まったのである。

さらに、「学びのコンパス」策定の過程では、多くの教師や子どもたちによる、検討会議での議論を踏まえた対話の会も繰り返し開催された。「学びのコンパス」は、検討会議の有識者たちや教育委員会がトップダウンでつくったものではなく、多くの市民の声を元につくり上げたものなのである。

「学びのコンパス」策定後の2023年9月には、早くも、400人の校長が一堂に会して、このコンパスを元にこれからの学びの在り方について対話する会も開催された。現場を取材した記者の方に聞いたところでは、会の終了後も、長い間会場に残って対話を続ける校長先生たちの姿がとても印象的だったとのことである。このような対話会は、今後も、各学校をはじめ、市内で様々に設けられる予定である。

そもそも何のための学校・教師なのか。この本質・目的を、常に共有し、市民が対話を通して共に学校をつくり合うこと。そのような対話の文化を浸透させることができたなら、NSI事業はきっとうまくいく。逆に言えば、右の二点がおざなりにされたとき、プロジェクトは必ず頓挫、あるいは形骸化することになる。そうならないよう、私自身しっかり意識しながら、今後も微力ながらＮＳＩ事業に関わっていきたいと考えている。

3 そもそも教育は何のため？

以下、改めて、そもそも学校は何のために存在しているのか、明らかにしておきたい（詳細は、拙著『どのような教育が「よい」教育か』講談社、２０１１年を参照されたい）。

結論から言えば、それは、すべての子どもが「自由」に、つまり「生きたいように生きられる」力を育むためである。

むろん、それはわがまま放題に生きることを意味しない。私たちは、自身が「自由」に生きるためにこそ、他者もまた対等に「自由」な存在であることを認め、尊重する必要がある。そうでなければ、この世には「自由」をめぐる争いが絶えることなく続いてしまうことになるだろう。

これを「自由の相互承認」の原理と言う。公教育は、すべての子どもに「自由の相互承認」の感度を育むことを土台に、「自由」に生きられる力を確実に育むために存在しているのである。

ではそのような公教育の政策は、どうあれば「よい」「正当」と言えるだろうか？

教育政策は、ある一部の子どもたちだけの「自由」ではなく、すべての子どもの「自由」を実質化するものでなければならない。「すべての子ども」の「自由」、つまり「よき生」に、ちゃんと資するものになっているか否か。これが、教育政策の「よさ」「正当性」を測る基準なのである。これを「一般福祉」の原理と言う。

「自由」「自由の相互承認」「一般福祉」。これら三つの原理が、そもそも公教育は何のためにあり、どうあれば「よい」と言えるかを考える際の、最も根本的な原理なのである。したがって、教育の政策や実践は、常に次の問いを出発点に考える必要がある。

(1)「自由」に生きるための力とは何か？　それはどうすれば育めるか？

(2)「自由の相互承認」の感度はどうすれば育めるか？

(3)「一般福祉」を促進する政策はどのようなものか？

次節では「学び／公教育の構造転換」について論じるが、これは、右の三つの問いに答える形で提唱されたものなのである（詳細は、拙著『教育の力』講談社、２０１４年／『「学校」をつくり直す』河出書房新社、２０１９年を参照されたい）。

4 公教育の構造転換

日本で公教育が始まって150年。そのシステムは、これまで大きくはほとんど変わってこなかった。すなわち、「みんなで同じことを、同じペースで、同じようなやり方で、同質性の高い学年学級制の中で、出来合いの問いと答えを勉強する」システムである。

しかしこのシステムは、今日、深刻な問題を抱えている。「みんなで同じことを、同じペースで」の学びは、必然的に、いわゆる落ちこぼれ、吹きこぼれの子どもたちを構造的に生み出すことになる。同質性の高い学年学級制は、多くの子どもたちを同調圧力に苦しめ、不登校の大きな理由にもなっている。出来合いの問いと答えを勉強させる学びは、何のための学びかを見失わせる大きな要因になっている。つまり、今日の学校システムは、残念ながら「自由」「自由の相互承認」「一般福祉」の実現に、十分に寄与しうるものになっていないのである。注意しておきたいのは、これはあくまでもシステムに主たる問題があるということである。教師、保護者、子ども……、誰かを責めても、問題は解決しない。

私が「公教育の構造転換」と呼んでいるものは、このシステムを転換するための、具体的なアイデアを述べたものである。柱は大きく三つある。

一つ目の柱は、すでに述べてきた「学びの構造転換」である。これについては後述する。

二つ目の柱は、「自分たちの学校は自分たちでつくる」という、民主主義社会における学校づくりの原理原則を、改めて実現することである。児童生徒を中心に、教師、保護者、地域住民、教育委員会など、誰もが「当事者」となって、学校を共につくり合う仕組みや文化をつくるのである。

三つ目の柱は、学校を多様性がもっと「ごちゃまぜのラーニングセンター」にしていくことである。具体的には、幼・保・小・中・高・大・社会人・外国人など、障がいのあるなしも関係なく、多様な人たちが共に学び合えるよう、学校を複合施設化していくアイデアである。多文化多世代の分断は、民主主義の機能不全を招来してしまう。だから学校を、改めて、多様で異質な人たちが、お互いを知り合い認め合う「自由の相互承認」の、すなわち民主主義の土台としていくのである。

5 学びの個別化・協同化・プロジェクト化の融合

現在、NSI事業が具体的に取り組んでいるのは、右に述べたアイデアのうち、とりわけ一つ目の「学びの構造転換」である。

その方向性を、私は「学びの個別化・協同化・プロジェクト化の融合」と呼んでいる。

要諦は以下の通りである。

まず「学びの個別化」は、子どもたちが一人ひとり、学ぶペースも、興味・関心も、合った学びの在り方も異なっていることを、教育の前提とし、そのような個に応じた学びを可能にすることである。「みんなで同じことを、同じペースで」の学びが、落ちこぼれや吹きこぼれを構造的に生み出してしまうことは、先に見た通りである。

しかしこれは、学びの孤立化を決して意味しない。子どもたちは、必要に応じて、人の力を借りながら、また人に力を貸しながら、「ゆるやかな協同性」に支えられて学び合える必要がある。これが「学びの個別化と協同化の融合」である。

最後の「学びのプロジェクト化」とは、カリキュラムの中核を、出来合いの問いと答えばかり学ぶのではなく、自分たちなりの問いを立て、自分たちなりの仕方で、自分たちなりの答えに辿り着く「探究」型の学びにしていくことである。

以上の具体については、本書をぜひお読みいただきたい。

ここで改めて強調しておきたいのは、この「学びの構造転換」が、単なる時代の流行などではなく、「自由」「自由の相互承認」「一般福祉」の実現という、あくまでも公教育の本質から導出されたものであることである。その内実は、「当事者」の対話によって、絶えず豊穣化されていく必要がある。その意味でも、NSI事業の肝は、改めて「対話の文化」の浸透にこそあると言えるだろう。

Topic 1

名古屋発！授業改善の現在地
～ナゴヤ・スクール・イノベーション事業の効果検証～

名古屋大学教授・名古屋市教育委員　**中谷　素之**／香川大学准教授　**岡田　涼**

1／名古屋市の教育改革の目指すもの

子ども主体の授業改善を通して、公立学校の授業や教育の在り方を変えようとするナゴヤ・スクール・イノベーション事業（以下、「ＮＳＩ」という）は、人口２３０万人規模の政令市の教育委員会が主導し、モデル校とマッチングプロジェクト校17校において、各学校の特色や実態を生かしつつ、全市的な規模での展開を目指す挑戦的な試みである。

ＮＳＩが始まってから、第一著者は名古屋市教育委員として、実際に両校での授業改善の取組や、授業での子どもたちの様子、学びの姿を教室で目にする機会を得た。各学校では、授業の中で、子どもの自由な発想や、子ども発信による意見やアイデア、学び合いの機会がそこここで見られている。しかし、このような授業の様子が実際に子どもの学習意欲や学習態度の改善・向上をもたらしているのかについては、客観的・科学的な効果検証が必要である。

2／本稿の目的　NSIの教育効果検証

本稿では、NSIの取組が、実際に子どもの学習や態度にどのような影響をもたらしたかについて、令和4年度全国学力・学習状況調査の児童生徒調査項目及び学校調査項目の統計的な再分析によって検証を行う。『学習意欲』や『個別最適化された学び』などを示す複数の項目をまとめ、授業や学習、学び方などの面で、どのような違いがあるのか、モデル校である矢田小学校と名古屋市全体の平均の結果とを比較検討し、統計的な検証を行う。NSI実践校では、名古屋市全体の学校に比べて、学習のどのような面で効果が見られているのだろうか。あわせて、名古屋市独自の教育相談・子ども支援の取組である、なごや子ども応援委員会の活動として、子どもの相談のしやすさや、学校の教育相談体制への評価に関して、名古屋市と全国との比較から検証を行う。

3／検証結果

(1)　NSI実践校では、主体的な学びが実現しているか?

令和4年度全国学力・学習状況調査の児童質問紙の項目から、主体的な学びに関わる項目を選び出し、実践校である矢田小学校（モデル校）、山吹小学校、稲永小学校及び野跡小学校（以上、マッチングプロジェクト校）の4小学校について、名古屋市全体の小学校の平均と比べて、主体的な学びが実現しているかどうかについて検証した。

主体的な学びの各項目内容に分け、具体的に結果を見ていこう。

学習の計画と挑戦（図1）について、NSI実践校では学習に対して前向きな態度が見られていた。特に、土日や授業以外の学習時間において、より多くの時間をかけている傾向が示された。

○主体的な学びや協働的な学び（図2）という点でも、一定の効果が見られている。a.友達との話し合い活動での思考の深まり・広がり、5年生までの学習では、b.自分の考えをまとめる活動、c.課題の解決に向けて自分で考え取り組む学び、d.資料や文章、話の組み立てを工夫した発表など、NSI実践校でより高い傾向が見られた。ただし、他の図で見られた得点の違いに比べると、その効果は相対的には大きなものではないこともわかる。

○学習への興味・関心（図3）において、NSI実践校では、a.国語、b.算数の勉強が好きと感じていることが示された。この二つの教科について、「どちらかといえば当てはまる」（3点）に近い回答が示されている。また、c.算数での学習を生活に活用する

注）肯定的な回答ほど高得点になるよう変換済。アスタリスク（*）は、*5％、**1％、***0.1％の有意水準。アスタリスクのついた得点が統計的に有意に高いことを示す。

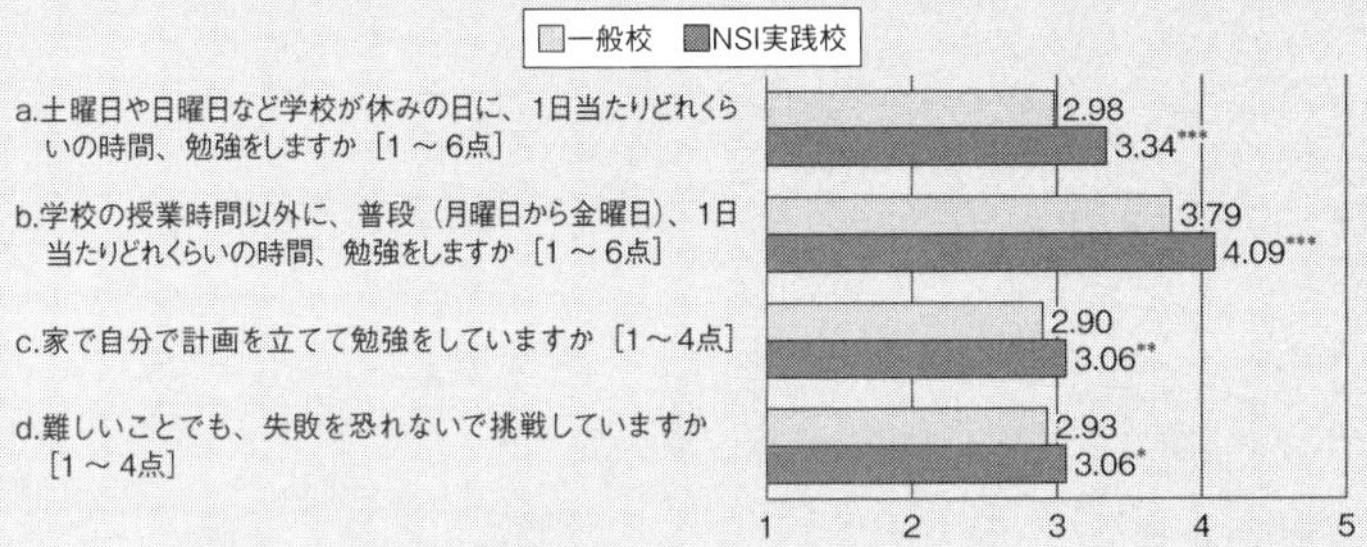
一般校　NSI実践校
a.土曜日や日曜日など学校が休みの日に、1日当たりどれくらいの時間、勉強をしますか［1～6点］
2.98
3.34***
b.学校の授業時間以外に、普段（月曜日から金曜日）、1日当たりどれくらいの時間、勉強をしますか［1～6点］
3.79
4.09***
c.家で自分で計画を立てて勉強をしていますか［1～4点］
2.90
3.06**
d.難しいことでも、失敗を恐れないで挑戦していますか［1～4点］
2.93
3.06*
1 2 3 4 5

図１　【学習の計画と挑戦】

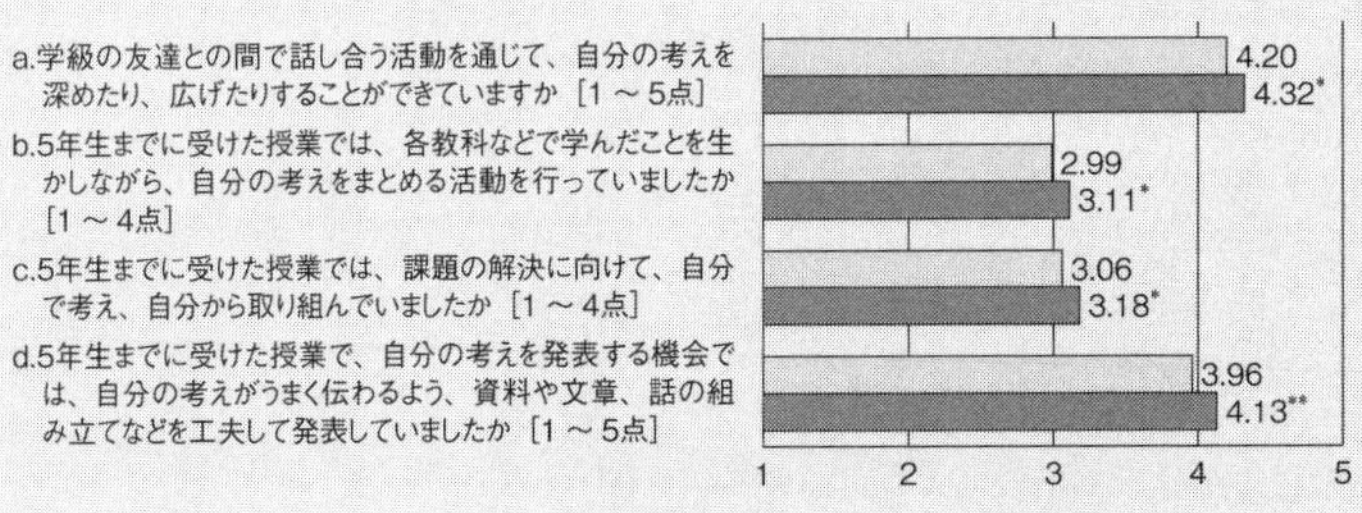
a.学級の友達との間で話し合う活動を通じて、自分の考えを深めたり、広げたりすることができていますか［1～5点］
4.20
4.32*
b.5年生までに受けた授業では、各教科などで学んだことを生かしながら、自分の考えをまとめる活動を行っていましたか［1～4点］
2.99
3.11*
c.5年生までに受けた授業では、課題の解決に向けて、自分で考え、自分から取り組んでいましたか［1～4点］
3.06
3.18*
d.5年生までに受けた授業で、自分の考えを発表する機会では、自分の考えがうまく伝わるよう、資料や文章、話の組み立てなどを工夫して発表していましたか［1～5点］
3.96
4.13**
1 2 3 4 5

図２　【主体的学び・協働的学び】

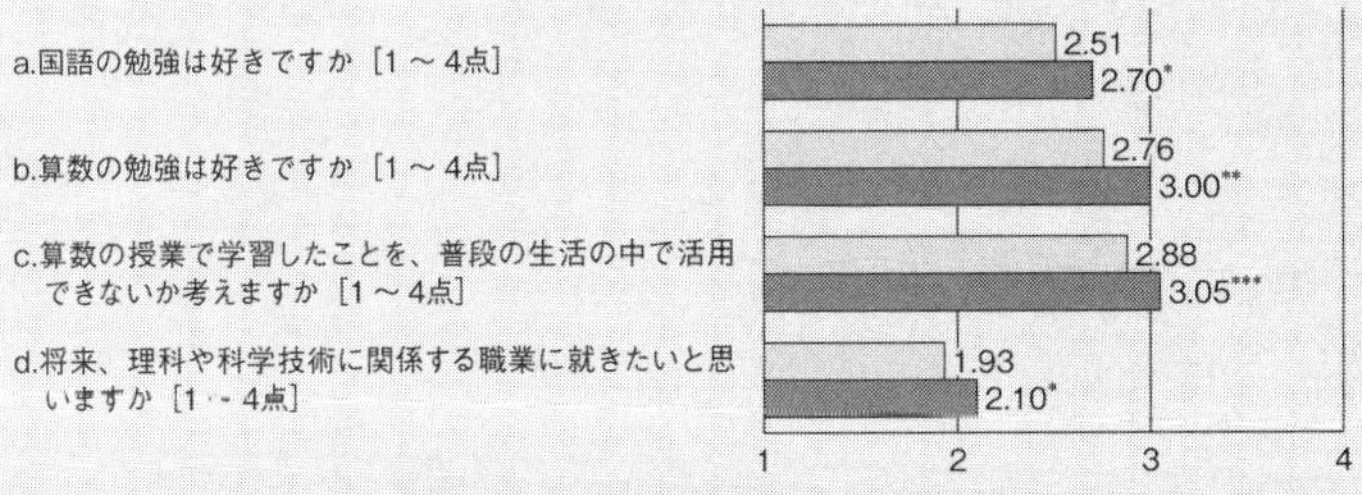
a.国語の勉強は好きですか［1～4点］
2.51
2.70*
b.算数の勉強は好きですか［1～4点］
2.76
3.00**
c.算数の授業で学習したことを、普段の生活の中で活用できないか考えますか［1～4点］
2.88
3.05***
d.将来、理科や科学技術に関係する職業に就きたいと思いますか［1～4点］
1.93
2.10*
1 2 3 4

図３　【学習への興味・関心】

態度、d.理科や科学技術に関係する職業への希望も、NSI実践校ではより高い傾向が見られた。

このように、検証の結果、NSI実践校では、一般の学校に比べて、主体的な学びが実現されているという結果が示された。すなわちNSI実践校では、挑戦的で計画性のある学びや、主体的な学びや協働的な学びの傾向がより高かった。総じて、NSI実践校では、個別最適で協働的な学びへの取組が積極的であり、計画的な学習や学習の自己評価、そして教科学習への関心・意欲の高さなど、学びの自己調整が促されている傾向が示された。

(2) いかにして主体的な学びと学力・意欲の向上が実現しているか？
～パス解析による主体的学びの検討～

次に、特にNSIで先導してきたモデル校である、矢田小学校での実践の効果に注目したい。すなわち、モデル校での実践は、子どもたちの学習意欲や学力に、どのような影響を及ぼしているかについて、そのプロセスを検証する。モデル校と市内の一般の小学校との間で、個別最適な学習環境（『5年生までに受けた授業は、自分にあった教え方、教材、学習時間などになっていましたか』）の違い、そしてそのような学習環境が主体性や学習意欲、学力を高めているかについて、パス解析という統計手法を用いて分析を行った。

その結果、モデル校では一般校に比べ、個別最適な学習環境が実現し、そのことが主体的な学び、そして各教科の学習意欲や学力に結び付いていることが示された（図4）。「自

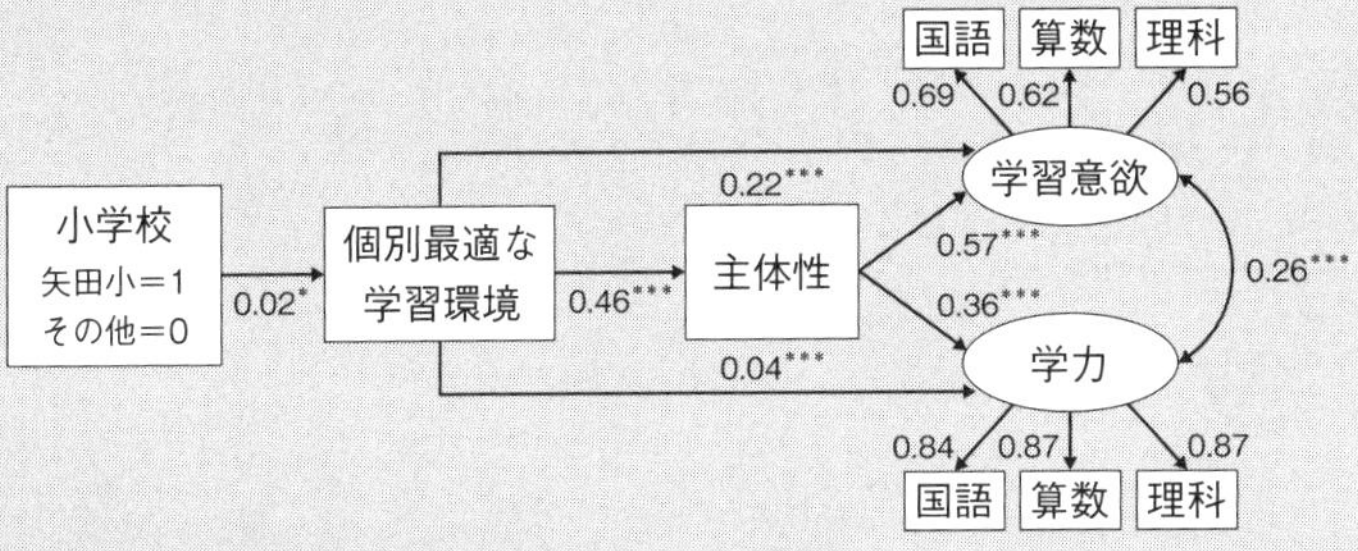

図４　【モデル校におけるパス解析】

注）数値はパス係数。アスタリスク（*）は、*５％、***0.1％の有意水準を示す。
質問項目：個別最適な学習環境：「５年生までに受けた授業は、自分にあった教え方、教材、学習時間などになっていましたか」 主体性：「５年生までに受けた授業で、自分の考えを発表する機会では、自分の考えがうまく伝わるよう、資料や文章、話の組み立てなどを工夫して発表していましたか」「５年生までに受けた授業では、課題の解決に向けて、自分で考え、自分から取り組んでいましたか」「５年生までに受けた授業では、各教科などで学んだことを生かしながら、自分の考えをまとめる活動を行っていましたか」「学習した内容について、分かった点や、よく分からなかった点を見直し、次の学習につなげることができていますか」４項目の合計　学習意欲：「国語（算数、理科）の勉強は好きですか」「国語（算数、理科）の勉強は大切だと思いますか」「国語（算数、理科）の授業で学習したことは、将来、社会に出たときに役に立つと思いますか」の９項目の合計　学力：学力テストの各教科の正答数

分に合った教え方、教材、学習時間など」のような個別最適な学習環境では、授業において、「自分の考えの発表」や「課題解決に向けた取組」「自分の考えをまとめる活動」「見直し」などにおいて、主体的に取り組んでいる傾向を示している。さらに、学習での主体性が高まることで、国語・算数・理科の各教科の意欲（「勉強が好き」「勉強が大切」「勉強が役立つ」の合計）、そして学力にもつながることが示されている。

(3) 名古屋市の公立校は子どもの悩みや相談を大事にしているか？
～なごや子ども応援委員会による相談体制の検証～

調査には、子どもの悩みに関して、子ども自身が相談できているか、という質問（児童生徒質問紙）と、学校側がそのような相談体制になっているか、という質問（学校質問紙）がある。子どもと学校の両面から、名古屋市の小・中学校での相談に関する状況を見てみよう。この二つの項目は、全国で唯一、名古屋市だけが取り組んでいる、市内全中学校へのスクールカウンセラーの常勤配置と、スクールソーシャルワーカーやスクールポリス、スクールセクレタリーなどの多職種連携を実装したなごや子ども応援委員会の効果の一端を検証できる。

○「困りごとや不安があるときに、先生や学校にいる大人にいつでも相談できますか」（児童生徒質問紙）で回答を比較したところ、名古屋市の小・中学校では、全国に比べて、より肯定的に回答する傾向が見られた（図5）。

○次に、学校が回答する「スクールカウンセラーやスクールソーシャルワーカーによる教育相談に関して、児童生徒が相談したい時に相談できる体制となっていますか」（学校質問紙）について見てみると、名古屋市の小・中学校では、全国に比べて、より肯定的に回答する傾向が見られ、学校での相談体制が準備されているということが示された（図6）。

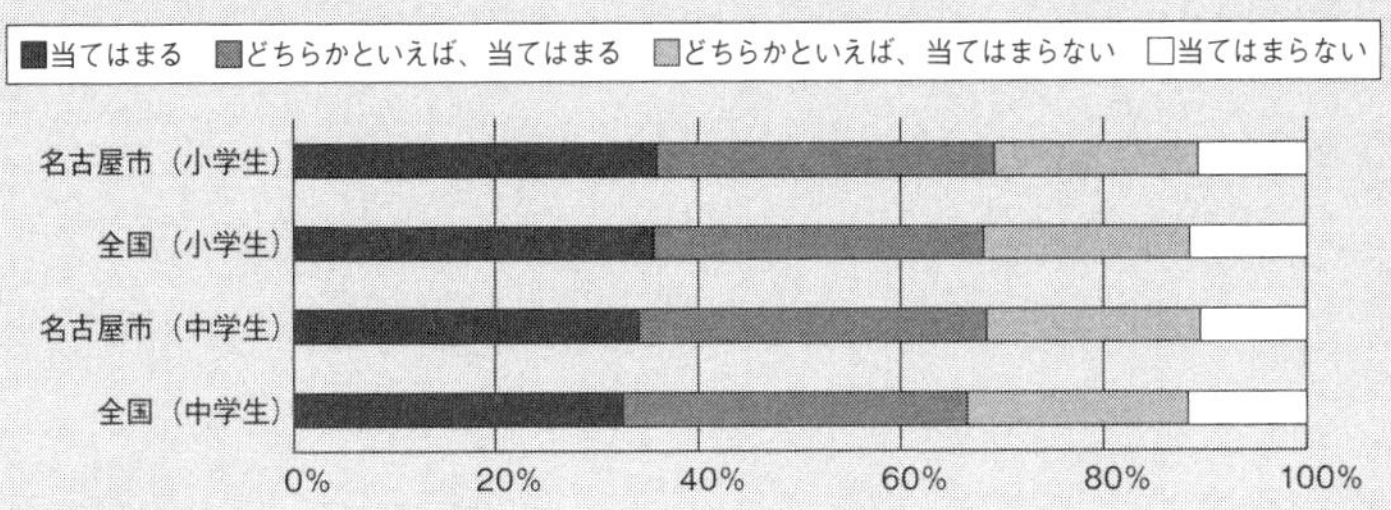

名古屋市		全国			
平均値	標準偏差	平均値	標準偏差	t値	効果量
2.94	0.99	2.92	1.01	2.98**	0.02

※小学校の結果。$^{**}p<.01$

図５　【「困りごとや不安があるときに、先生や学校にいる大人にいつでも相談できますか」（児童生徒質問紙）の結果】

注）全国は国立教育政策研究所の公開データを使用。回答の偏り（４段階のどこに回答しているかの比率）は、小学生（χ^2＝14.37、df＝３、p<.01）、中学生（χ^2＝36.20、df＝３、p<.001）のいずれも有意で、全国よりも名古屋のほうが肯定率が高かった。

名古屋市の児童生徒は、全国平均に比べ、困りごとや不安があるときに、先生や大人に相談しやすいと感じており、学校側でも、学校では児童生徒が相談しやすい体制になっていた。

　このことから、名古屋市の学校では相談体制の充実が実感されており、子ども自身も悩みや不安を相談しやすいと感じていることがわかる。

(4)　NSIの現在地と公教育のミライ

　令和４年度全国学力・学習状況調査の質問紙再分析を通して、NSI実践校では、市内一般の学校よりも、子どもの主体

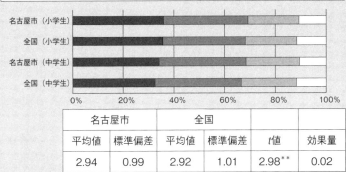

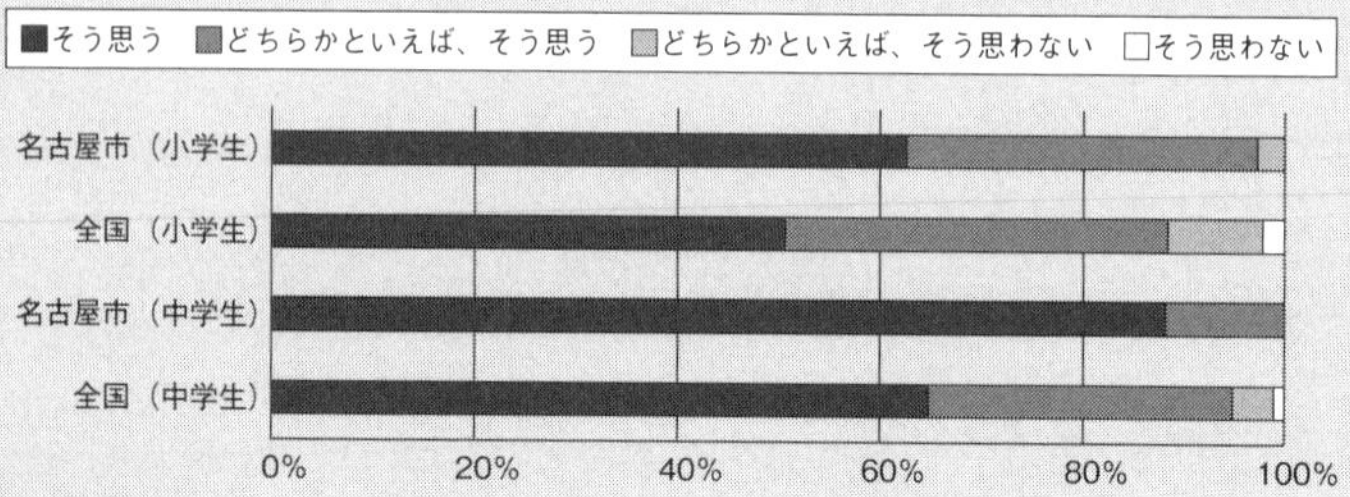

名古屋市		全国			
平均値	標準偏差	平均値	標準偏差	*t*値	効果量
3.6	0.59	3.37	0.74	4.99***	0.31

※小学校の結果。***$p<.001$

図６　【「スクールカウンセラーやスクールソーシャルワーカーによる教育相談に関して、児童生徒が相談したい時に相談できる体制となっていますか」（学校質問紙）の結果】

注）全国は国立教育政策研究所の公開データを使用。回答の偏り（４段階のどこに回答しているかの比率）は、小学生（$\chi^2=26.07$、$df=3$、$p<.001$）、中学生（$\chi^2=26.98$、$df=3$、$p<.001$）のいずれも有意で、全国よりも名古屋のほうが肯定率が高かった。

的な学びが実現しつつある傾向が認められた。

また、なごや子ども応援委員会による教育相談体制の充実による、教育相談体制への満足度（いつでも相談できる）について、名古屋市の小学校では、全国の小学校平均に比べて、相談しやすいと感じており、学校質問紙でも、教育相談体制の充実が実感されていた。

現在4年目を迎えたNSIという授業改善の取組は、政令市の教育委員会が主導し、市内の公立学校や教員が、自らの意志・思考で主体的な授業改善に取り組む道を拓く、公教育のミライを描こうとする挑戦である。

その取組は、「ナゴヤ学びのコンパス」（第6章参照）として、これからの名古屋市の教育の在り方を示す羅針盤のもと、より広く横展開する見通しである。令和4年度全国学力・学習状況調査の再分析の結果、NSI実践校及びモデル校における主体的な学びの傾向が示されたものの、それが取り組んだだけの効果をもたらしたものであったのか。また、地域背景や家庭の経済状況の影響はあるのか、あるいは今回の質問紙以外の側面での効果はあるのか。検証はまだ十分とは言えない。今後、ナゴヤ・スクール・イノベーション事業及びなごや子ども応援委員会が、長期にわたり地域の公教育のミライを支え、子ども主体の学びを実現していく試みは緒に就いたばかりである。

Section

2

公教育のチャレンジ

「ナゴヤ・スクール・イノベーション事業（ＮＳＩ）」が立ち上がった。幼稚園から高等学校までの実践校が、民間事業者とコラボレーションした七つのプロジェクトである。市内教員に授業を公開し、手を挙げた教員が国内外の先進校を視察し、任意参加型学習会に多くの教員が参加する。一方で、多職種連携によるチーム学校を実装する「なごや子ども応援委員会」が子どもを力強く支えている。

ナゴヤ・スクール・イノベーション事業の始まり

名古屋市教育委員会事務局新しい学校づくり推進室長　**平松　伯文**

私たちの社会が目指す未来の姿では、ＩｏＴ（Internet of Things）で人とモノがつながり、様々な知識や情報が共有され、ビッグデータの活用や人工知能（ＡＩ）等に関する技術が急速に高度化している。こうした技術が取り入れられたSociety5.0（ソサエティー5.0）時代が到来することにより、少子高齢化、地方の過疎化、貧富の格差など、現代の私たちが直面する深刻な課題を克服することができるのではないかと、期待されている。

その一方で、人生１００年時代と言われる中、ＡＩ・ロボットにより約50％の仕事が代替され、消滅するとも予測されており、多くの研究において、人間の大部分の仕事がテクノロジーによって代替されていく未来が描かれている。急速なＩＣＴ化やグローバル化の進展により、すでに私たちの暮らしや価値観などが大きく様変わりし始めているのである。加えて、持続可能な開発目標（ＳＤＧｓ：Sustainable Development Goals）のもと、誰一人取り残さない世界の実現に向けて、先進国・途上国すべての国が国際協調により、取り組むべき社会課題も数多く存在している。

名古屋市教育委員会では、NAGOYA School Innovation（ナゴヤ　スクール　イノベーション）を「授業改善の推進」「環境整備」「広報・啓発」の三つの観点から、一体的に推進しています。

こうした今と未来を生きる子どもたちには、激しい社会の変化を前向きに受け止め、先の見通せない状況の中でも、たくましく、しなやかに変化や逆境を乗り越え、よりよく自らの人生を切り拓いてほしいと願っている。

そのためには、子どもたちが自分で課題を見つけ、自ら学び、考え、行動し、そして多様な立場の者と協働しながら新たな価値を生み出していく、そのような資質・能力を育めるように、学校教育を進めていくことが必要である。歴史的にも学校教育は、社会の変化を反映し、社会の必要に応じて大きく変化を遂げてきた。非連続的とも言える大きな社会の変革期を迎える今こそ、学校をイノベートしていくことが必要である。

名古屋市では2020年度から、ナゴヤ・スクール・イノベーション事業と銘打ち、幼稚園から高等学校まですべての名古屋市立学校の教育段階において、子ども一人ひとりの興味・関心や能力、進度に応じた「個別最適な学び」と「協働的な学び」の一体的な充実の推進を目指している。

この事業では、授業改善の推進、環境整備、広報・啓発の三つの観点から一体的に取組を進めている。中でも授業改善の推進は、企業・NPO法人などの民間事業者等の皆様と協働し、その技術・ノウハウを生かしながら学校における実践研究に取り組むほか、選抜した教員による実践研究、教員の意識改革の3項目を柱として、取組を進めている。

七つのプロジェクトの始動
～民間事業者と学校のコラボレーション～

1 矢田小学校での取組

ナゴヤ・スクール・イノベーション事業が始まる前年度、２０１９年度から「画一的な一斉授業からの転換を図る授業改善の推進」という、チャレンジングな施策名を掲げて、名古屋市の学校における授業改善の実践が始まった。授業改善の第１号は名古屋市東区にある名古屋市立矢田小学校。全校児童数４２０名程度と、市立学校における平均的な学校規模であること、立地が地下鉄・ナゴヤドーム前矢田駅から徒歩５分程度であり、市内の教員が視察するためのアクセスがよいことなどから、他の学校のモデルとなる実践校として教育委員会が指定した。

矢田小学校では、公募により選考した特定非営利活動法人日本ＰＢＬ研究所と連携し、生活科または総合的な学習の時間におけるプロジェクト型学習の実践を進めるとともに、タブレット端末等のＩＣＴを最大限活用した授業実践をスタートした。実践では、学習のテーマに即して、子どもたちが様々な体験を行い、興味・関心に浸る時間を十分に取った上で、各々がプロジェクトの企画を立て、探究を繰り返し、提案を行うことを基本的としている。年間およそ50時間をかけてじっくり進めるこの探究学習では、パートナーの日本ＰＢＬ研究所のノウハウを大いに活用させていただいた。同研究所には、プロジェクト型学習の進行の基本的な流れをまとめた「ログブック」を矢田小学校に合わせてアレンジしてもらうとともに、毎時の目標設定と振り返りや、子どもたちが探究に没頭するために必要な体験の重要性をはじめ、初めてプロジェクト型学習の実践に取り組む矢田小学校の先生方に手厚く現職教育を行っていただいた。

また、同研究所のスタッフ1名が学校に常駐し、日常的に先生からの相談に応じるとともに、授業にも参加し、担任の先生とよかった点や改善点の振り返りを行うなど、まさに二人三脚で実践を積み重ねた。こうした実践を通じて、矢田小学校の子どもたちは、視察に訪れた他校の先生が驚嘆するほど、自らの企画に自信をもって取り組み、「私はこれを実現したい」「そのために調べていきたいことがたくさんある」という思いの溢れた学びを進めてきた。

さらに、そのための有効なツールとして、同校にモデル実践として先行導入したタブレット端末１６０台もフル活用することになる。子どもたちは、タブレット端末の思考ツールソフトを用いて考えを整理し、インターネット検索し、Ｗｅｂ会議システムで専門家などから話を聞き、調べた情報・画像を整理し、先生やクラスメイトに共有する。あらゆるシーンでタブレット端末が、なくてはならない学びのツールとして文房具のように活用され、プロジェクト型学習の進行に大きく寄与した。コロナ禍で前倒しとなった一人一台端末の本格的な整備前に、矢田小学校においてタブレット端末を用いて学習を行えたことは、その後の名古屋市全体でのＩＣＴを活用した学びの推進にとって貴重な経験であった。

矢田小学校における具体的な取組は、同校の校長であった松山清美校長が第3章にて、学校の様子を交えて色鮮やかに語っていただくところであるが、子ども主体の学びに向けて、校長がビジョンを明確に掲げて教職員間で対話を重ね、教員自身も創意工夫してクラスに合った学びの進め方に取り組んだ。「子ども主体」を繰り返し語りかけ、挑戦と失敗を恐れない組織づくりを進めた校長のマネジメントのもと、先生方も安心して既知の知識にとらわれず、子どもたちとともに知らないことを探究していく学びに取り組むことができた。

こうした取組を積み重ねることにより、ややもすると子どもを教え導くことを過度に重視しがちであったこれまでの教育観から先生方を自由にし、子どもたち一人ひとりを見取り、伴走することを大切にした教育観にマインドセットすることにつながった。学校が目指す理念のもと、一人ひとりの先生が創意工夫して取り組み、振り返り、改善する自走した組織。これからの学校のあるべき一つの姿が、同校で具体化しようとしている。

「いい意味で肩の力が抜けた空気感に包まれた学校」、矢田小学校をご視察いただいた方が述べられた感想が、私たち教育委員会職員の心にも印象強く残っている。

2022年度からは、同じ中学校ブロックの矢田中学校・砂田橋小学校・矢田小学校の3校にプロジェクト型学習実践校の取組を拡大し、小・中学校が連携して実践を進めている。

2 マッチングプロジェクトの始動

矢田小学校における民間事業者と連携した授業改善の推進をヒントに、こうした取組をさらに市内の学校・幼稚園に広げていくべく、2020年度から民間事業の知見・技術を活用し、幼稚園・小学校・中学校・高等学校までの市教育委員会が所管するすべての学校種において、授業改善を進めていくプロジェクトに着手した。

言うまでもなくそれぞれの学校・幼稚園には、地域や子どもたちの状況に応じた学校の目標があり、育みたい子ども像がある。現場の先生方は、その理想や目標に向かって授業の見通しを考えながら教材研究や授業・保育の準備を行い、また一人ひとりの子どもたち

学びわくわく　笑顔キラキラ　みんなの力で学校を変える
マッチングプロジェクト

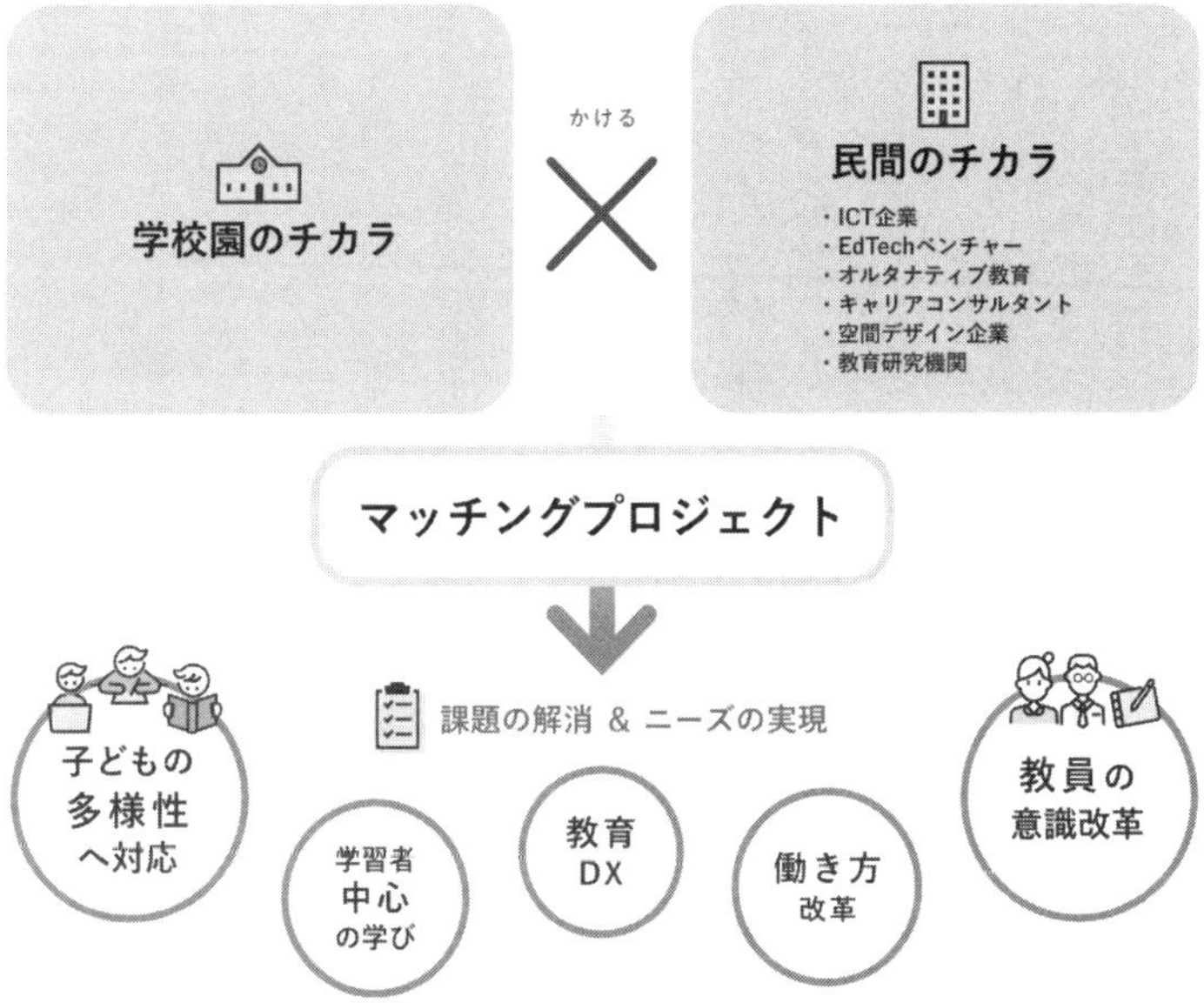
学校園のチカラ
かける
民間のチカラ
・ICT企業
・EdTechベンチャー
・オルタナティブ教育
・キャリアコンサルタント
・空間デザイン企業
・教育研究機関
マッチングプロジェクト
課題の解消 & ニーズの実現
子どもの多様性へ対応
学習者中心の学び
教育DX
働き方改革
教員の意識改革

の様子を把握しながら生徒指導等に取り組み、日々の教育活動を進めている。

それでも、多様な個性・特性をもつ子どもたち一人ひとりの個に応じた学びを推進しつつ、日本語指導をはじめとする学習に困難を有する子どもたちへの学習支援、いじめの予防・早期発見・早期対策、不登校となった子どもたちへの支援などを網羅的に行うことには、相当の困難が生じている。学校現場が乗り越えたいと思っている課題の克服のために、民間事業者と連携して、その専門知識、技術、ノウハウ等を組み合わせて適合し、学校のニーズと民間のシーズをマッチングさせたモデル実践を展開することで、子どもたち一人ひとりの興味・関心や能力進度に応じた学びを推進していくナゴヤ・スクール・イノベーション事業を全市に展開していく足がかりとしていきたい。

私たちは、このような思いのもと、本プロジェクトを「マッチングプロジェクト」と名づけ、プロジェクトを立ち上げた。幼稚園・小学校・中学校・高等学校の各段階において、誰一人取り残すことのない、個別最適な学びと協働的な学びを提供する市立学校園のロールモデルを創出することを目指した、名古屋市初の取組が始まる。

3 プロジェクトの立ち上げに向けて

すでに述べたように、マッチングプロジェクトは学校現場が掲げる理想と現実とのギャップを、民間事業者とともに乗り越えていく実践である。そのため、プロジェクトの目的やどのような民間ノウハウを活用した取組が必要かといったプロジェクトの根幹は、各学校が現状を分析・把握した上で、各学校が主体的に考えて企画することを基本とした。学校の先生方の理解と納得を得ながら、学校の裁量のもとで実践を行わなければ、プロジェクトの内容は他の学校に展開することはなく、それどころか当該実践校にも根付くことは難しいと考えたからである。

そこで、このマッチングプロジェクトでは、プロジェクト実践校を、すべての学校を対象に募集・選考し、決定した各学校のニーズをもとに、私たちと学校が協議しつつ委託仕様書を作成し、参入していただく民間事業者を募集して、教育委員会と民間事業者が契約を締結する事業スキームをとった。学校側には教育活動へのチャレンジに注力していただき、契約に係る事務手続きはすべて教育委員会側で対応することとした。また、学校においては、民間事業者がどのようなノウハウをもっているのか、とりわけ技術革新が急速に進むＩＣＴ分野の現状はどうなっているのか、情報が不足している可能性もあった。

そのため、プロジェクトの立ち上げに際して、市立の411校すべての学校長が参加する事業説明会を開催し、マッチングプロジェクトの意義・事業の進め方を説明するとともに、経済産業省の「未来の教室」事業の実証事業に採択された事例などを例示して、学校現場の困りごとに、民間事業者のノウハウが活用できるイメージをもつことができるようにした。

その結果、140校を超える学校から、マッチングプロジェクトへの応募の申し込みをいただいた。このプロジェクトに対する学校現場の期待と熱意を強く感じた。プロジェクトに応募いただいた学校の応募書には、それぞれの学校における課題と克服したい願いが溢れている。私たちは、応募いただいたすべての学校長と面談した上で実践校を選考・決定し、幼稚園1プロジェクト、小学校2プロジェクト、中学校2プロジェクト、高等学校1プロジェクトの計六つのプロジェクトを立ち上げた。

その上で、選考したそれぞれの実践校と私たちで幾度も対話を重ね、プロジェクトごとに民間事業者を募集する仕様書を作成した。授業改善のノウハウ、ICT環境の整備、教室等のリフォームなど、プロジェクト実践校が必要とする民間のノウハウは多岐に渡る。連携する民間事業者は、六つのプロジェクトごとに公募型プロポーザル方式で募集を行ったところであるが、それぞれのプロジェクトにおいて、複数の民間事業者が得意分野を持ち寄ってコンソーシアムを組成してご応募いただいた。各事業者からご提出いただいた企画提案について、学識経験者、保護者代表等からなる評価委員会で評価し、選考を行った。いよいよ民間事業者が決まり、プロジェクトが始動する。

4 マッチングプロジェクトの概要

六つのマッチングプロジェクトの概要は、56～79ページの通りである。

なお、マッチングプロジェクトは2020年度に立ち上げ、2021年度から2022年度の2年度間をかけて、各学校での授業改善を本格的に実践している。連携する民間事業者はプロジェクトの進行により支援内容が変わることから年度によって異なるため、特に断りのない限り、2020年度のプロジェクト立ち上げ時に契約した民間事業者を記載する。

(1) 幼稚園　5園合同プロジェクト

実践園	第一幼稚園・第三幼稚園・吹上幼稚園・荒子幼稚園・鳴子幼稚園
実践テーマ	●園児が自由な発想で様々な遊びを創出することや自分の学びを振り返ることにつながる環境づくり ●園児一人ひとりの思いや体験を記録し、子ども・保護者・教員が情報共有して子どもを育むコミュニケーションづくり
主な実践内容	●保育室にプロジェクターやタブレット端末を導入し、園の遊具や設備、身近な自然等に加え、ICTも活用して園児が自由な発想で遊びを創出できる環境の構築 ●園児の育ちや学びについて保護者と教員間での情報共有や、園児の登降園管理等のデジタル化に関わるソフトウェアの導入、等
連携事業者	●株式会社ベネッセコーポレーション ●株式会社コドモン ●株式会社スマートエデュケーション ●西日本電信電話株式会社

実践の概要

名古屋市立幼稚園

1 ICTで深まる・広がる遊び！

園児の思いは、自由に遊びを進める中で「こんな風にしたい」と広がっていきます。タブレット端末（検索機能、アプリなど）を道具の一つとして使えるようにしたことで、色々なことに気づいたり取り入れたりして、園児が思いを実現させていく過程での学びが充実していきます。

工作したいものを
調べる
シャチってどんな
生き物だろう

プラネタリウムを
作ったよ
自分たちが描いた絵を
プロジェクターで投影して
忍者ごっこ

野菜の成長を
タブレットで記録

映画を作るぞー
怪獣とロボットが戦う様子を映画作成
プロジェクターで映画鑑賞

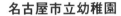

2 園児の育ちを分かち合う

園児の活動を写真や動画等で記録し、教員同士で共有したり、保護者の方のスマートフォン等に配信したりしています。園児の育ちを分かち合い、共に支えるためのよりよいコミュニケーションづくりを進めています。

保育ドキュメンテーション

園児の活動を、写真や動画、文字などで継続的に記録しています。園児が自分の成長に気づいたり、活動を深めたりすることにつながっています。また教員も、その時々では見逃しがちな園児の視線、表情などを記録で確認でき、一人ひとりの深い見取りにつながっています。

3 園業務のデジタル化

園業務の省力化を進めるために、登降園管理や欠席連絡などに ICT を活用しています。教員が一人ひとりの園児に向き合ったり、保護者の方とのコミュニケーションを図ったりするための時間確保につながっています。

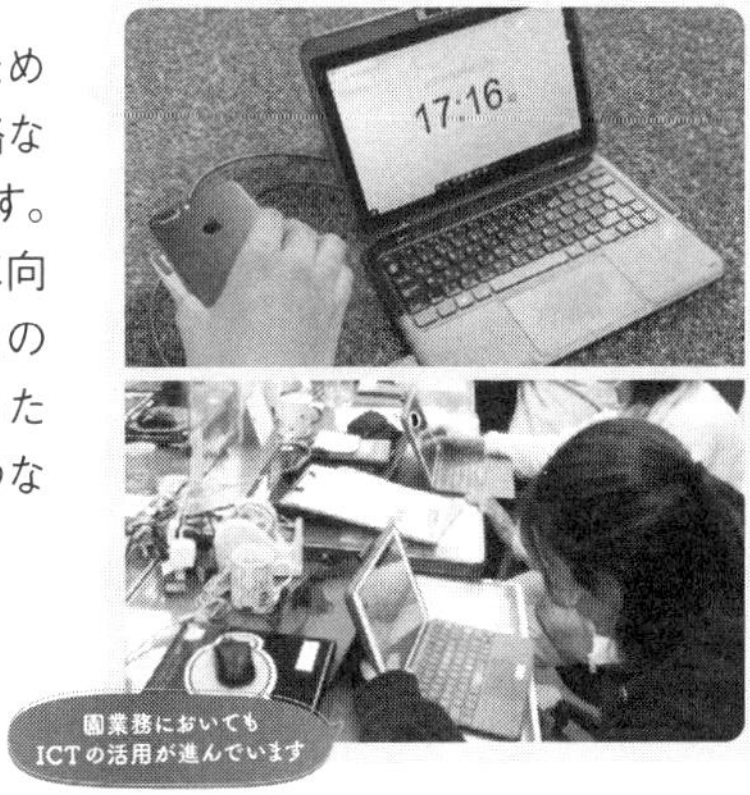
17:16
園業務においても
ICTの活用が進んでいます

保護者の方の声

保護者からの連絡
保護者からの
連絡

朝は1日の中で一番忙しい時間です。欠席や遅刻の連絡がアプリで簡単に行えるようになり、とても助かっています。

(2) 山吹小学校プロジェクト

実践テーマ	子ども一人ひとりの個別の発達に焦点を当て、違いから豊かに学び合う環境の中で、子どもたちが自らのペースで、自らの興味・関心や能力、進度に応じて、自立して学ぶことを最大限に尊重する学びづくり
主な実践内容	●子ども自らが学習計画を立てて取り組み、その結果を自ら振り返る学習者中心の学びを取り入れたカリキュラムの作成・実践 ●学習者中心の学びに向かうための教員研修の実施 ●子どもが自らタブレット端末で学習活動の成果等を表現できる場を設けるなど、豊かな学びの環境の構築、等
連携事業者	●一般社団法人日本イエナプラン教育協会 ●株式会社フォーバル ●ギガサポ合同会社 ●ＩＥＹＡＳＵ株式会社 ●ＵＤＳ株式会社

実践の概要

名古屋市立山吹小学校

1 自分のペースで学ぶ

子どもが自ら学習計画を立て、自分に合ったペースや方法で学ぶ時間（週に5～ 10 時間程度）を設けて、子どもが主体的に学習を進めています(山吹セレクトタイム)。

サークル対話

円になり、子どもがお互いに顔を見合わせながら考えを交流します。一人ひとりが尊重される大切さなどを学び、子どもが安心して学べる環境が育まれていきます。

学ぶ場所も自分で選ぶ

自分の時間割

子どもは、各教科の単元進度表に基づき、自分で1週間の時間割を考えます。単元進度表には、教材、ゴール、探究などの幅広い選択肢が掲載されています。

② 異年齢で学ぶ

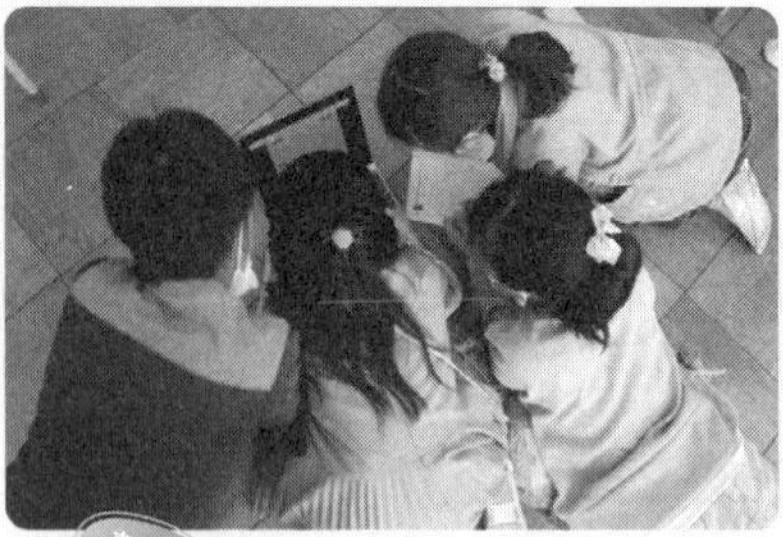

３学年混合の異学年グループ（低学年１〜３年生、高学年４〜６年生）で、役割分担したり、お互いの考えや意見を交流・共有したりしながら、問題解決型の学習に取り組んでいます（ふれあい活動）。

いろいろな立場を体験

３学年混合の活動では、子どもたちは教えられたり、助けたりする立場などを繰り返し体験します。その中から、子どもは他者の理解やコミュニケーションの方法を学んでいきます。

3 子どもの学びを支える

子どもの多様な学びを支えるため、遊びの活動から協働する力を育んだり、掲示物を通して学びにおける大事な価値観を共有したりしています。教師は子ども自ら学習を進められるよう支援します。

様々な掲示物

教室の壁には、「マインドセット」や「学ぶ技能」を示す掲示物が貼られ、学びにおける大事な価値観を子どもたちと共有するとともに、授業の始まりには「今日は何番を大事にしますか？　その理由は？」、授業の終わりには「今日のあなたは何点ですか？」などと先生方が声かけをしています。

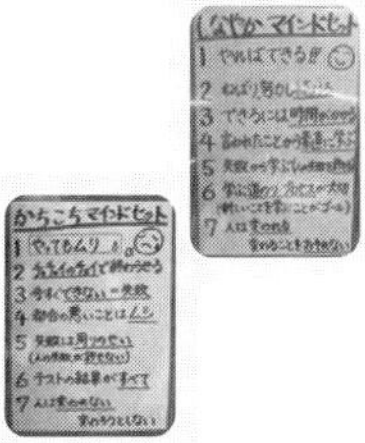

遊びから学ぶ

活動の中には、ゲームやアクティビティの時間も設けています。遊びからお互いの個性を理解したり、協働する力を育んだりしています。

教員の役割

教員は、子どもが自ら学習を進められるように環境を整えます。また、子どもの様子を丁寧に見取り、学習の進度やつまずきを把握して、一人ひとりに適切な支援を行います。

(3) 稲永小学校・野跡小学校プロジェクト

実践テーマ	子どもたち一人ひとりが、人と豊かにつながり、できる喜び・楽しさを実感することができる学びづくり
主な実践内容	●2校の教室をオンラインでつなぎ、ICT環境を活用したつながる授業づくりの実践 ●デジタルドリルや学習履歴を最大限に活用し、すべての子どもの基礎学力の定着などを図る個別最適な授業づくりの実践 ●翻訳ツールや日本語学習ソフト等を活用した言語のバリアフリー化の推進、等
連携事業者	●凸版印刷株式会社中部事業部 ●合同会社MAZDA Incredible Lab

実践の概要

名古屋市立稲永小学校・名古屋市立野跡小学校

1 みんながわかる、楽しい授業

算数科の授業を軸として、全員で進める一斉の学習と、デジタルドリルを活用して個人で進める個別最適な学習とを1時間の中でバランスよく組み合わせ、子どもの「できる！」気持ちを引き出す授業づくりに取り組んでいます。

一人ひとりへ適切なアドバイスをする

個別最適な学びとAI型デジタルドリル

AI 型デジタルドリルは、子どもの解答を分析し、理解度（誤答の原因）を判断して次の問題を出題します。子どもは自分の習熟度やつまずきに応じて最適な問題に取り組めます。

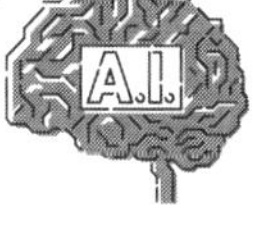

2 教室がつながる

稲永小学校から

２校間の教室がオンラインでつながる遠隔合同授業を行っています。子どもがお互いに考えを伝え合ったり、認め合ったりする機会が増えるとともに、学習内容の深まりや広がりにもつながり、規模の小さい学校では得難い経験がICTで実現しています。

野跡小学校から

子ども同士がつながる

２校間では子どものつながりも深まっています。中学校を同じくする子ども同士の交流は、今後中学校へ進学し、新しい環境での学習や生活へ移行する上でとても意義があると考えています。

教員同士もつながる

遠隔合同授業では、教員同士もお互いの専門性を生かした授業を見合うことにつながり、切磋琢磨する機会が生まれています。

3 言語のバリアフリー

稲永小学校・野跡小学校では、母語が日本語でない子どもたちも数多く在籍しています。子どもたちの日本語のレベルに合わせてオンラインの語学支援に取り組んでいます。

翻訳アプリの導入

母語による説明が必要な子どものタブレット端末に、翻訳アプリを導入し、教師の説明を音声と母語表記で伝える取組を進めました。また、オンラインによる初期日本語指導にも取り組みました。

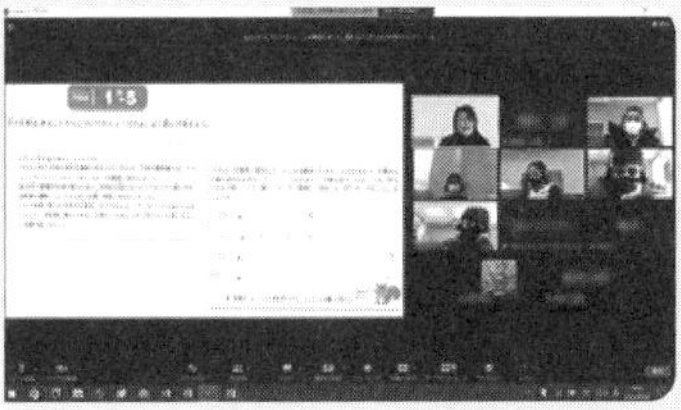

(4) 前津中学校プロジェクト

実践テーマ	●わくわくする好奇心をベースに、生徒一人ひとりが自分らしさを理解し、自分らしく生きていくための未来につながる体験ができる学びづくり ●互いの存在や違いを認め合い、それぞれが自分らしさを安心して表現できる居場所づくり
主な実践内容	●社会で活躍する大人の人生や価値観に触れたり、企業が社会に生み出す価値を体験的に学びながら生徒自身がテーマ設定と解決方法を模索する探究学習プログラムの導入 ●ライフキャリアコンサルタントによるワークショップや個別面談などの実施 ●活動室3室のアクティブラーニングルームへの改修など、生徒間交流と多様な学びを生み出す教室環境の整備、等
連携事業者	●株式会社 教育と探求社 ●NPO法人ICDS ●株式会社オカムラ名古屋支店

実践の概要

名古屋市立前津中学校

1 地域社会を探究する

地域社会をフィールドとして、３学年合同のチームで探究学習を進めています。生徒は、地域の企業・団体が社会に生み出す価値を体験的に学びながら、その新たな可能性を考え、地域をよりよくするためのアイデアを協働して創り上げていきます。

フィールドワーク

活動のルール

「発見を楽しもう」「どんな考えでも言葉にしてみよう」「たくさん試してみよう」が生徒たちのルール。３学年合同の活動に当たって、生徒が安心して学びに向かうための仕掛けであり、自らの思いを表現することにつながっています。

地域とつくる学び

国際比較＊によれば、日本の若者は「自分で国や社会を変えられる」と思っている割合が低いとされています。学校教育を通じて、持続可能な社会の創り手を育むためには、地域と学校とが連携し、子どもの学びをつくることが大切です。

＊参考：日本財団「18歳意識調査」第46回テーマ「国や社会に対する意識」

2 自分の生き方を考える

国家資格をもつキャリアコンサルタントが常駐し、生徒が自分自身の生き方を考えたり、学校での学びと未来のありたい姿とを結び付けたりするためのサポートを行っています。

ライフキャリアとは？

仕事だけではなく、家庭生活、地域活動、趣味など、生涯にわたる様々な役割や経験の積み重ねのことを言います。進学や社会に出る前の早い段階から、自分らしい豊かなライフキャリアをデザインする力を育んでいくことが重要だと考えています。

3 柔軟性のある空間の活用

生徒の主体的な活動を支援するため、柔軟性のある空間を活用しています。多様な学習内容・学習形態を可能とし、生徒のもつ豊かな創造性を発揮できるようにしています。休み時間や放課後の居場所にもなり、快適な学校生活や生徒の交流促進にもつながっています。

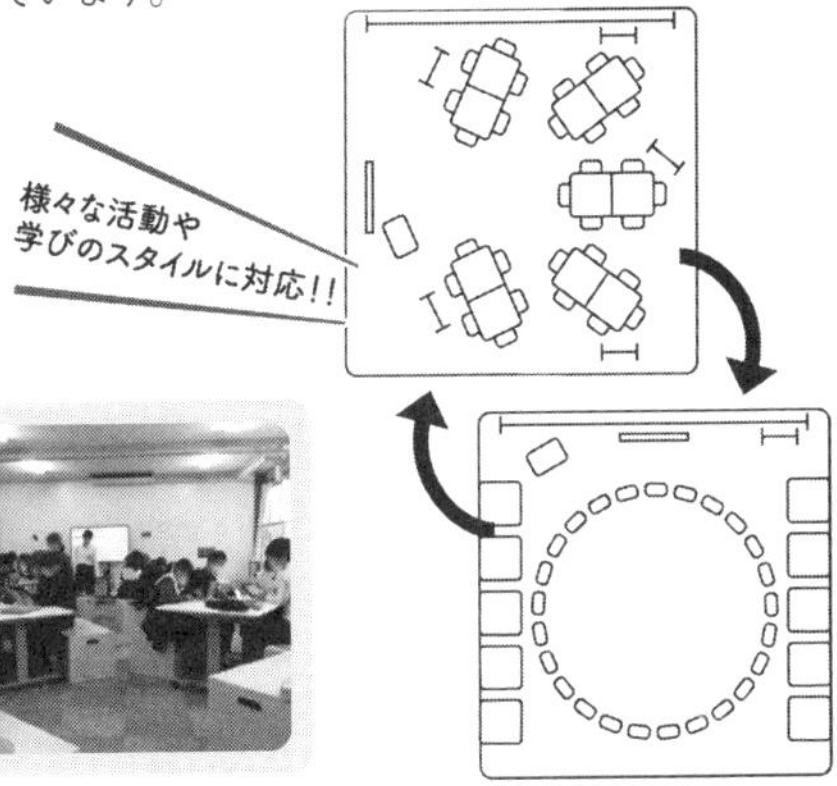

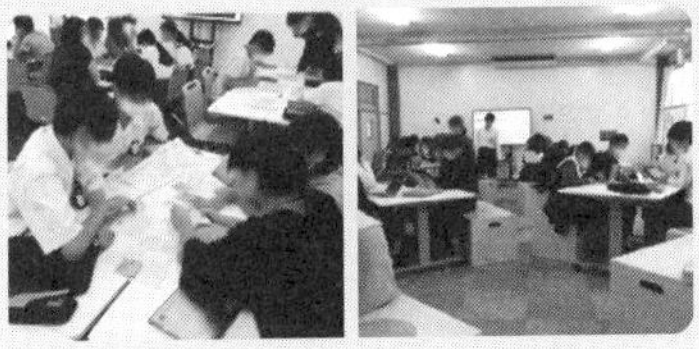

(5) 八幡中学校プロジェクト

実践テーマ	●生徒の学び方と教員の働き方を楽しくする、ICTを最大限に生かした学校づくり ●多様な仲間と協同し、自分たちの手で学校を楽しくする、生徒が参画する学校づくり
主な実践内容	●ICTによる教員の業務効率化の推進と生徒の学習状況の可視化による生徒支援の充実 ●可視化した学習状況に基づき生徒が自分の能力や学習の効果を客観的に評価し、自己調整する学習活動の実践 ●技術科の授業において問題解決につながるプログラミング学習の実践 ●生徒の自主性や利他の心、コミュニケーション力等を育む対話の機会を設け、学級活動等の場における生徒の主体的な参画の推進、等
連携事業者	●株式会社フューチャーイン　●大日本印刷株式会社 ●スズキ教育ソフト株式会社　●ライフイズテック株式会社 ●一般社団法人ひらけエデュケーション

実践の概要

名古屋市立八幡中学校

1 生徒の学び方改革

ICT を効果的に活用して、生徒が自分に合った進度で学習を進めたり、学習状況を振り返ったりしています。生徒の「何ができるようになるか」「どのように学ぶか」といった観点を重視した授業づくりを進めています。

思考力・判断力・表現力テストの取組

これからの時代を担う生徒は、知識・技能を身につけるだけでなく、現実的な状況の中でそれらを使いこなす能力を身につけることが必要です。そのため、「思考力・判断力・表現力」を伸ばす評価手法であるパフォーマンス評価型のテストに取り組んでいます。

生徒が解答をタブレットに録音する様子

② 教員の働き方改革

ICT を効果的に活用して、テスト採点業務の効率化や、生徒の学習状況の可視化などを行っています。教員が生徒一人ひとりに向き合うための時間を生み出し、生徒への適切な支援につなげています。

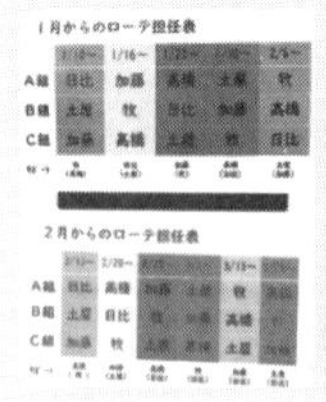

担任のローテーション制を試行導入し、学級の垣根なく先生同士の情報共有が行われています

3 生徒参画の学校改革

オランダとの国際交流

生徒の企画が実現した「高等学校出前授業」

学校行事の企画運営など、生徒が学校づくりに参画できる機会を増やしています。教員も生徒も同じ学校の創り手と位置付けて学校改革を進めています。

学校そのものを学びに生かす

学校は、生徒が社会に出るための準備をする場所であり、社会的自立を育んでいく重要なフィールドです。そのため、生徒が自分たちで考え、合意形成し、実行するといった活動を実践できるように、学校そのものを生徒の学びのリソースに位置付けています。

生徒主体で取り組んだｅスポーツ大会

(6) 高等学校　4校合同プロジェクト

実践校	緑高等学校・北高等学校・富田高等学校・山田高等学校
実践テーマ	生涯にわたって能動的に学び続ける生徒の育成
主な実践内容	●生徒用タブレット端末計462台（緑高等学校336台、北・山田・富田高等学校各42台）を導入し、協働学習ツールやデジタルドリルを活用しながら、生徒の応用的・発展的な学びの土台となる基礎学力の定着や、主体的・対話的で深い学びづくりの実践 ●グローバル教育、プログラミング教育及びキャリア教育の実践、等
連携事業者	●株式会社フューチャーイン ●ライフイズテック株式会社

実践の概要

名古屋市立高等学校

1 一人一台端末の活用

すべての高等学校に、一人一台端末を導入しました。協働学習ツール、デジタルドリル等の学習アプリを効果的に活用しながら、主体的・対話的で深い学びに向けた授業改善に取り組んでいます。

情報通信の授業（富田高校）

生徒の学習の様子

タブレットを活用した学び合い（緑高校）

教材提示の工夫（緑高校）

音楽の授業におけるICTの活用（富田高校）

タブレットを活用した発表活動（富田高校）

動画配信による遠隔授業（山田高校）

AI型教材を用いたグループワーク（北高校）

2 垣根を越えた学び合い

高等学校では、それぞれの学校が生徒に合わせて独自の教育課程を編成しています。学びのあり方が変革期を迎える中で、効果的に授業改善を進めていくため、ICT を活用して学校間で教育活動や創意工夫の共有を図るなど、垣根を越えた学び合いを加速させています。

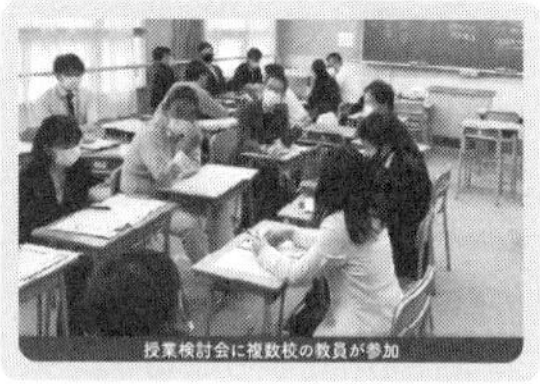
授業検討会に複数校の教員が参加

授業レシピ

本プロジェクトにおける実践事例や他都市の先進事例などを「授業レシピ」と名づけて蓄積・共有しています。各校が、他校のレシピや教材等を参考にしながら授業づくりを進めています。

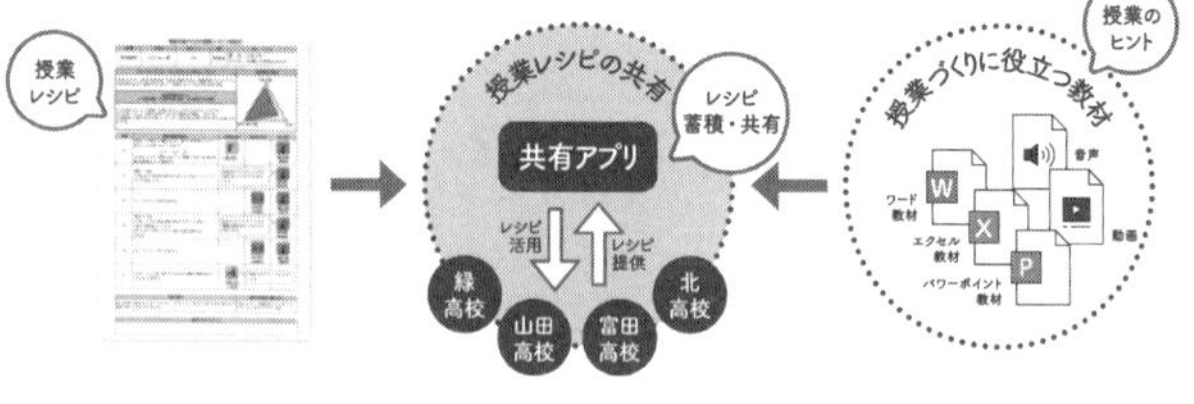

3 学校の特色を伸ばす

各校がそれぞれの特色をさらに伸ばすため、本プロジェクトの中で、グローバル教育やキャリア教育の充実に取り組んでいます。

緑高等学校では、オンライン英会話授業に取り組み、一人ひとりがマンツーマンで講師とやりとりをすることで、英会話力の向上に取り組みました。

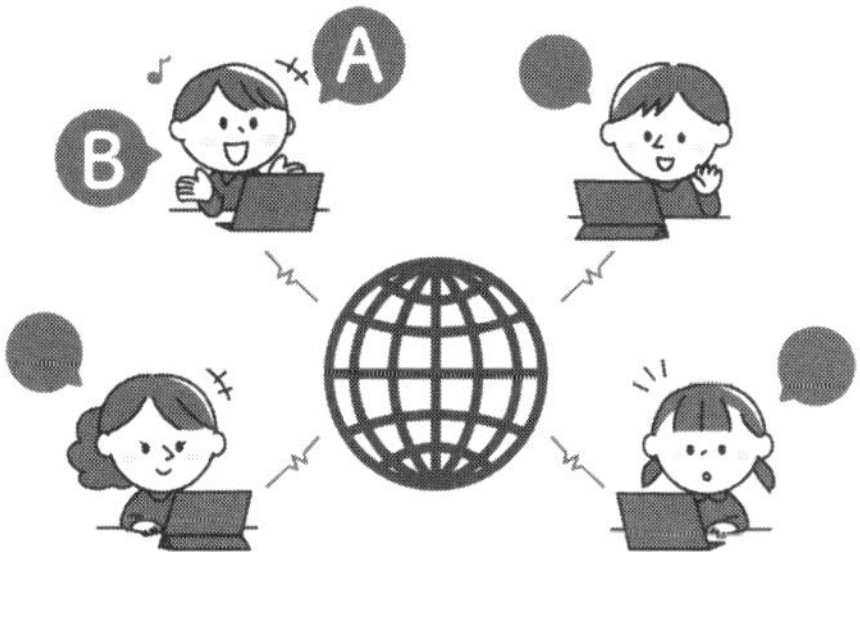

5 実践校の取組の公開

マッチングプロジェクトの6プロジェクト実践校では、すべての市立学校の先生方を対象に公開授業を行っている。公開授業では、実践校としての取組の概要や当日の授業のねらいを実践校から説明した後、授業を参観。その後、参観者同士で意見交換や実践校への質疑応答を行っている。特に、参観後の意見交換の時間には、毎回、参観者同士で学校や学校種の垣根を越えて授業を見た感想を語り合いながら、自校に取り入れるにはどのように工夫すればよいかなど、闊達な意見交換が交わされている。2022年度は、このような公開授業の機会を、6プロジェクトで計36回開催し、延べ1198人の先生方に参観していただいた。参観する側の先生方にはもちろんのこと、公開授業を行う実践校の先生方にとっても、学校の取組を振り返る貴重な機会になっている。

6 マッチングプロジェクトの実践を通じて

それぞれのプロジェクト実践校では、校長先生・園長先生のマネジメントのもと、学校の教育理念を共有し、学校のグランドデザインについて語り合い、民間事業者の支援による現職教育を受けながら授業改善の実践方法を練り上げていった。先生方は互いの授業を見合いながら振り返り、「次年度はこうしたい！」と新たな取組にチャレンジする姿がどの実践校でも見られるようになった。先生方は、自分たちの授業改善の取組により、子どもたちが夢中になって探究したり、学びを自己調整したり、あるいは学ぶことに充実感を感じたりしている姿を見て、手応えとやりがいを高めていった。

【公開授業に参加された方々による研究協議の様子。活発な議論が行われた】

さらには、授業の進め方だけでなく、学校行事や校則をはじめ、様々な場面で学校の「これまでの当たり前」を見つめ直し、育みたい子ども像の実現に向けて適切な進め方であったのか、思考の軸をもって再検討することが習慣化していった。

子ども一人ひとりの興味・関心や能力・進度

【質疑応答では、参加された他校の先生から、自分たちの学校での取組に生かそうと積極的な質問があった】

に応じた個別最適な学びと協働的な学びを一体的に推進していく、ナゴヤ・スクール・イノベーション事業を進めていく中で、先生方が教え・引っ張っていく立場から、子どもたちの学びの「伴走者」となり、子どもたちの思いを尊重して自分なりのチャレンジを大切にした様々な授業実践が行われた。実践を通じて徐々に、子どもたちに「学びのコントローラー」を渡していく過程で、先生自身も試行錯誤を繰り返しながら、一人ひとりが学校の「つくりて」へと変容していった。

ナゴヤ・スクール・イノベーション事業は、このように授業改善をきっかけとして、学校・先生方が「子ども主体」をコア・バリューとして自走する組織へと進化していくことが、究極のゴールであると考えている。

オランダや国内の先進校に学べ

～実践者・視察研究者の募集～

これまでに触れてきた学校単位での実践のほかに、改善意欲の高い個々の先生を支援する取組として、実践者や視察研究者の募集を行っている。実践者は、国内外の先進事例の視察に加えて、それぞれが取り組みたいテーマで授業改善の実践を行う。視察研究者は、国内の先進校を視察し、その特徴や本市に取り入れていく可能性等について調査研究を行う。全国各地で主体的・対話的で深い学びの実現に向けて素晴らしい教育実践が行われている。

こうした他校の先進的な実践を学び、「これはぜひ取り組みたい」と刺激を受け、改善マインドを高めた先生を毎年度増やしていくことが、ナゴヤ・スクール・イノベーション事業を全市的に進めていく力になると信じている。

実際に、２０１９年度から２０２２年度まで、１５０名を超える実践者・視察研究者が各学校で活躍している。その中には、オランダでイエナプラン教育を学び、名古屋市の教育に合わせながら取り入れていく先生も現れた。その先生は、後にマッチングプロジェクト実践校である山吹小学校において、実践のキーパーソンとなって大いに力を発揮していくことになった。

２０１９年度にオランダのイエナプラン校の実践を視察して以来、新型コロナウイルス感染症の拡大によって長らく海外視察に行くことができなかったが、２０２３年度からは、ようやく海外視察も再開できる見込みとなった。

２０２３年度からは、「スクールクリエーター」という名称に改め、在籍校全体の授業改善を進める人材を育成していく。今後の活動に期待しつつ、教育委員会としてスクールクリエーターたちを支援し、彼らの背中を押していきたい。

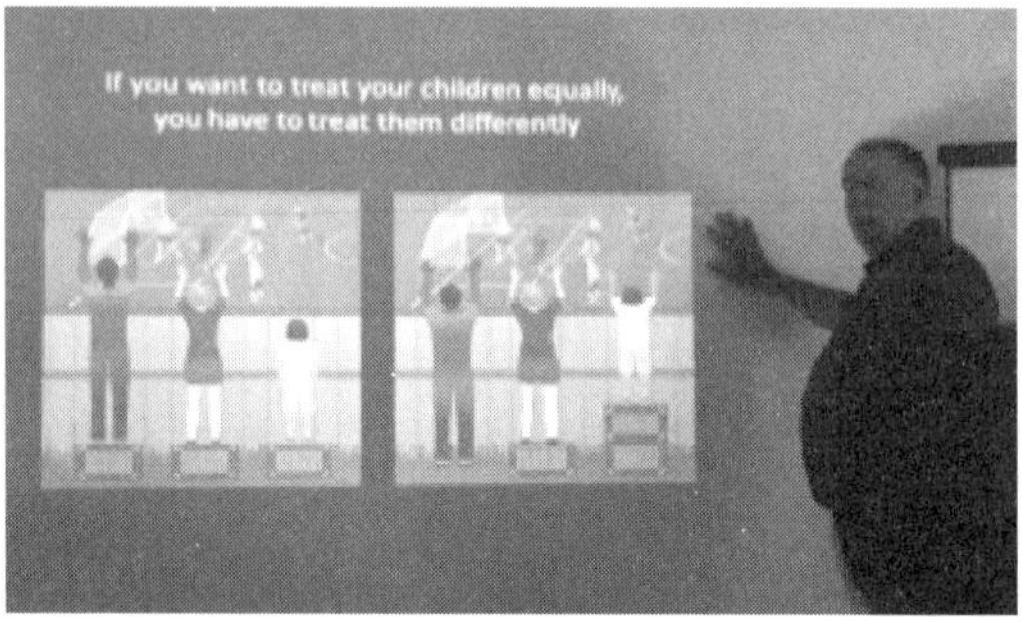

【授業改善を進める人材を育成していく取組】

教員の意識をイノベーション！

～全教員を対象とした任意参加型の学習会～

教育育委員会では、授業改善の機運をすべての学校の先生方に発信すべく、2019年度から毎年度、学習会を開催している。概ね年6回程度開催し、外部有識者の講演や、七つのプロジェクトの実践校の取組の報告、実践者・視察研究者の報告を行っている。新型コロナウイルス感染症の感染拡大により、会場に参集する形態での開催は難しくなったが、オンライン開催などにより開催を継続してきた。これまでに、2022年度には、6回・延べ3000人の先生方が参加した。

参加した先生からは、「ICTの活用方法が具体的に示されており、すぐに活用できると感じた」「教職員が主体的に今後の学校の方向について議論し合えるような雰囲気づくりをしていきたい」などといった前向きな感想が数多く寄せられている。

2023年度からは、講義形式の学習会に加えて、外部講師やスクールクリエーターが教室で授業を行い、本市の先生方が生徒の立場で授業を受ける「ナゴヤ・オープン・キャンパス」という新たな企画を立ち上げる予定である。

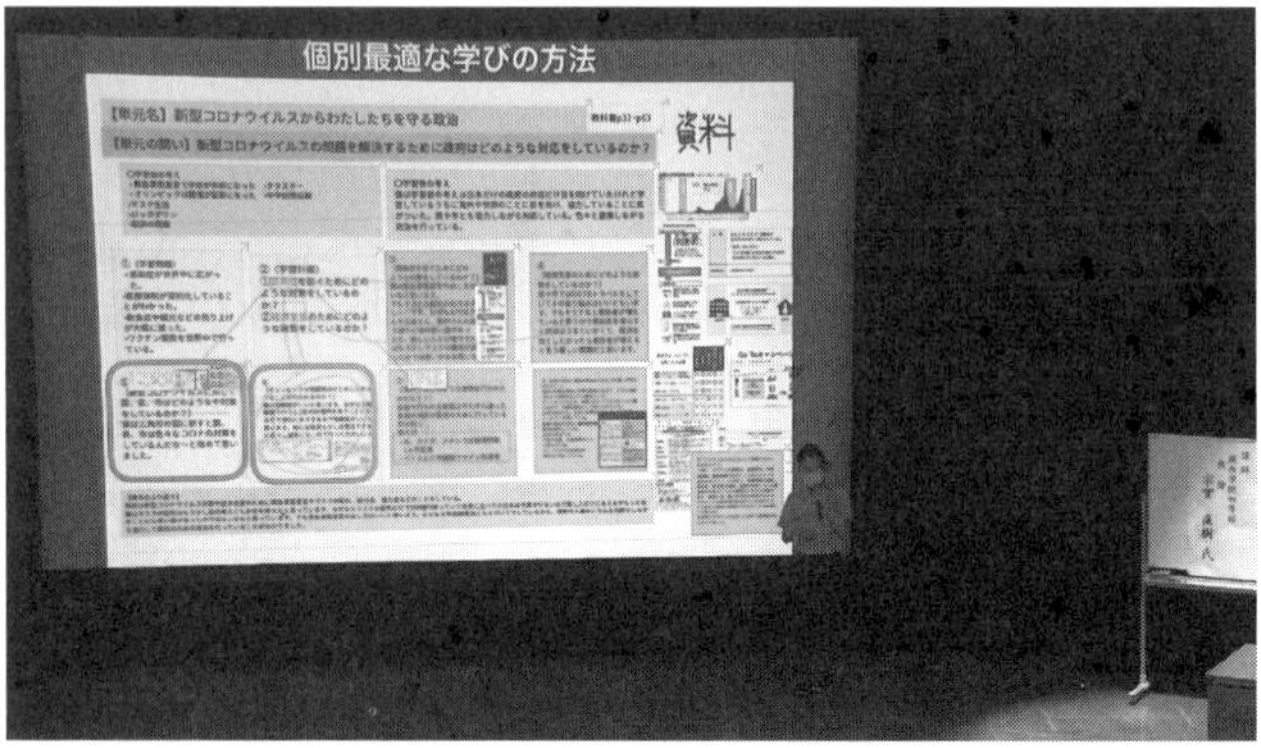

【2022年度第１回学習会（講師：関西学院初等部宗實直樹教諭）の様子】

Topic 2

すべての子どもたちを応援！「なごや子ども応援委員会」

名古屋市教育委員会事務局学校保健課長
（前・名古屋市教育委員会子ども応援室長）　水谷 章一

子どもたちを応援する専門家の大人がいつも学校にいる。それが「なごや子ども応援委員会」（以下、「応援委員会」という）だ。子どもを中心に据え、大人が「指導」するのではなく、「応援」する。悩みがある子どもとは、悩みを一緒に乗り越えながら、すべての子どもが自律・自立して生きていくことを応援するのだ。

1　応援委員会、誕生

応援委員会は、平成26年度にスタート。その前年の夏に、名古屋の中学校でいじめが原因ではないかという自死事案が起き、二度とこうした悲しい事案が起きないようにしようと、名古屋市の姉妹都市でもあるロサンゼルスの制度も参考にしながら、つくられた。心理の専門家であるスクールカウンセラー、福祉の専門家であるスクールソーシャルワーカー、警察官のOBであるスクールポリス、チームのとりまとめ役であるスクールセクレタリーの4職種からなる子どもたちの応援団だ。

今でこそ、学校にとってなくてはならない存在となった応援委員会だが、スタート当初は急に44名もの職員が学校現場に配置されたこともあり、「応援委員会の職員を増やすくらいなら、教員を増やしてほしいのに」と言われた。私自身もスタート当初は、学校整備の担当をしており「老朽化した校舎を直す予算のほうがほしい」と思ったものだった。

2 キラキラ輝きながら子どもたちを応援

私が応援委員会を担当することになったのは、発足して3年目となる平成28年度。この年には、市内の中学校に配置し、学校現場で働く職員は57名となっていた。5月から6月にかけて、この57名の職員全員と面談を行った。キラキラと輝く目をしながら、「相談に来ていた子が、今では毎日元気に学校に登校できていて、本当にうれしいです」「福祉の支援が必要なのに、手続きが煩雑で二の足を踏んでいた親御さんと一緒に区役所へ行って手続きをしたところ、支援を受けられるようになり、生活も安定し、生徒の表情も明るくなりました」といった実践を生き生きと語ってくれた。この年は4月早々に熊本地震が発災し、その応援にも応援委員会の職員を派遣したが、名古屋に残る職員が率先してサポートする姿を見た。日常の相談業務に加え、学校の授業時間をもらい、「心の授業」をチームで力を合わせて実践する姿も見た。どの実践もキラキラ輝きながら、子どもたちを応援する姿だった。

こうして、1学期が半ばを過ぎる頃には、「応援委員会は、学校になくてはならない組織だ。この取組をぜひ全国にも発信していくべきだ」と確信した。

3／全国に発信！

名古屋市では毎年7月頃、文部科学省に制度改正や施策支援を提案する「国家要望」ということをしている。例年は、教育長を先頭に行政職員が要望書をもって訪問し、文部科学省の職員に短時間で説明して終わりというスタイルで実施していたが、「今年はぜひ、現場で頑張っているスクールカウンセラーやスクールソーシャルワーカーを連れていき、直接語ってもらいたい」と当時の教育長に直談判したところ、「それはよい。ぜひやろう」と快諾してくれた。この年に採用されたばかりだが、先に紹介した職員面接でキラキラと目を輝かせて実践を語ってくれた職員らを連れて、文部科学省を訪れた。

現場の職員も来るということで文部科学省側も2時間じっくりと話を聞いてくれ、「この実践をぜひ全国に広めていきましょう！」と語ってくれた。その当時、対応をしてくれた教育相談担当の課長である児童生徒課長が、現在の本市教育長の坪田だった。その言葉に嘘はなく、その後、全国の都道府県、政令指定都市の教育相談事業を担当する職員が集まる会で、発表の場を設けてもらえ、子どもたちや教員を支えている現場職員とともに生き生きとした実践を語った。また、当時文部科学省事務次官だった前川喜平氏が視察に来て「国が進めている『チーム学校』のモデルになる」と評された。その後、国の教育相談に係る通知の中で、本市の実践を参考にした記述が掲載された。

4／人が支える、その人を育てる

これまで見てきたように、応援委員会を支えているのは、そこで働いている「人」だ。平成28年1月の総合教育会議において、「常勤のスクールカウンセラーを平成31年度までに全中学校（110校）に配置する」ことが決定されていた。毎年二十数名の増員をし続ける組織は他にはなかなかない。全国から応募してもらえるように広報活動に努めるものの、人材が足りない…。「人材がいないのであれば、養成をしてもらえるようにしよう」と、名古屋市立大学に教育委員会が寄附講座設置の依頼をし、臨床心理士の養成を始めた。

スクールカウンセラーに特化した養成コースは全国初であった。このコースで学ぶ学生は、必ず応援委員会での半年間の実習を受ける。実際の現場での実践を学んだ後、採用試験を見事クリアした方がすでに10名以上応援委員会の職員となり、活躍している。

彼らには、採用されてからも研鑽を積んでもらっている。常勤職員として、「常に子どものそばで働く」というスタイルは全国に例はなく、どんなベテランでも初めての経験となる。そこで、この応援委員会のスタイルを熟知した上で心理、福祉、司法の専門家に、チームへのスーパーバイズをしてもらっている。応援委員会は前述のように4職種からなるチームである。また、名古屋市の16の行政区をそれぞれブロックと位置付け、ブロック内の小・中学校を担当している。そこに高等学校と特別支援学校を担当するブロックを加えて17ブロックとなっているが、それぞれのブロックのメンバーは毎週1回、拠点となっている中学校または高等学校に集まり、チーム会議を開催している。そこで1週間の活動を振り返ったり、自分の支援方針がよいかをみんなから意見をもらったりもしている。そのチームの運営を第三者の視点で見てもらい、お互いが研鑽し合える関係になっていけるように一緒に考えてもらいながら、「チーム」を、「人」を育てている。

5 主体的な組織であるために

これまで見てきたように、応援委員会は子どもたちが主体的に学校生活を過ごせることを応援してきているわけだが、「その役割を担う応援委員会自体こそ、主体的であるべきだ！」と考え、制度を改善する際には、現場の職員の声をよく聞きながら進めてきた。

前述のスーパーバイズ制度も、職員からぜひチームを支える制度がほしいという声を受けてつくったものだ。職員が受講する研修も、この方のこんな話が聞いてみたいという声を集めて、講師折衝をしている。「小・中学校だけでなく、高等学校や特別支援学校への対応もしっかりやっていきたい」という声を受けて、高等学校・特別支援学校ブロックも設けた。

活動内容についても、新型コロナウイルス感染症の感染が拡大し、学校が休校となったときには、「子どもたちの心のケアをこのようにすべきだ」と様々な提案を形にしてきた。中学校にスクールカウンセラーが常勤職員として配置されているが、小学校に配置している非常勤のスクールカウンセラーの配置時間も増やすべきだ、誰一人も取り残さないための「スクリーニング」を実施したい、こうしたことも現場の声から実現してきた。

応援委員会の運営を司っている事務局は、従来は行政職員が中心であったが、7年目となった令和2年度、奇しくもコロナ禍がまん延し始めた年だが、現場出身の中間管理職である主任制度を開始した。学校が休校する中、どのような対応をしていくべきかを事務局に配置された主任（当初は3名、現在は8名）が中心となって様々な取組を進めた。これらの取組は、行政職員だけでは決してできなかった。主任たちには今も感謝している。

6 公教育のミライは「応援」マインド

よいカウンセリングは、相談してきた人が「カウンセラーがいなくても自分で解決できたと思えるようにすることだ」と言われている。知らないうちに、自分の力で立ち直ることができるように応援するということ。

名古屋市の学校にとって、今ではなくてはならない存在になった応援委員会であるが、「いつの日か、応援委員会という組織がなくても、子どもたちが生き生きと主体的に生活できる場に学校がなる」というのが、私たちが目指してきたことなのかもしれない。

公教育のミライは、なごや子ども応援委員会の「応援」マインドにあふれたものになってもらいたいと思っている。

Section 3

一人ひとりが、わくわく探究！プロジェクト型学習

ＮＳＩモデル実践校第1号となった矢田小学校の取組は、令和元年度からスタート。当時の校長が教職員とともに、いかに学びを転換し、子どもたちはどのように新しい学びを展開していったのか。ＰＢＬ（Project Based Learning）を取り入れ、一人ひとりが自ら問いを立てて探究する子ども主体の学びが生まれた。

学びの転換におけるマインドセット

名古屋市立栄小学校長
（前・名古屋市立矢田小学校長）　松山　清美

1　学びの転換を経験した子どもたち

次に挙げるエピソードは、モデル実践校（矢田小学校）3年目、3学期の出来事である。ある日、校門で登校指導を終えた私に、5年生の子どもが三人、手にタブレット端末をもって、待ち構えていたかのように話しかけてきた。彼女たちは、タブレット端末の画面を見せながら、次のような話を始めた。

「私たち、生活の中で無駄をなくして環境のためになることを考えているのですが、給食の時間に毎日出してもらっているお茶は、なくてもいいと思うんです」

「どうして？」

「お茶をつくるのに、調理員さんの仕事が増えるし、お茶の葉だけでなく、水やガスも使うことになります」

「お茶がないと困らない？」

「みんなが飲んでいるならいいですが、今はみんな、水筒をもってきているし、毎日牛乳が出るので、飲んでいる人はあまりいません。もったいないし、環境のことも考えると、給食のお茶はなくしてもいいと思います」

子どもたちが手にしているタブレット端末の画面をのぞくと、お茶をつくるのに必要なものが書かれていて、給食のお茶を飲んでいるかいないかを、クラスの子に聞き取りした結果がまとめられていた。

予想外の話に驚きながら、授業で取り組んでいることかと尋ねたら、子どもたちは、授業とは関係なく、休み時間に自分たちで調べたのだという。私は子どもたちが主体的に課題を見つけて取り組んでいることをうれしく思い、そのことをほめた上で、次のように話した。

「他の学年の子たちは、どう思っているのかな。全校に関わることだから」

すると、子どもたちは、

「わかりました。調べるので、しばらくお時間ください」

大人びた言い方にくすっとほほえみながら、すぐに担任にこのことを伝えた。担任は、

「校長先生に、そんなことを言ったんですか！　休み時間に集まって何かしてるなとは思ってたんですが、そんなことをしていたなんて、全然知りませんでした」

その後、子どもたちは、全校まではいかないにしても、他のクラスでもお茶を必要とし

ているかどうかを調査し、その結果を報告にきた。「多くのクラスで必要と感じていない人が多い」という報告を聞き、私は、

「わかりました。先生たちと検討しますね」

と答えた。ちょうどその頃、偶然にも、名古屋市教育委員会から、「給食のお茶は必要度が低い現状を鑑み、予算節約のため、来年度から提供しません」という通知が来た。

お茶の提供がなくなることを保護者に伝えるための文書を配布する前に、私は三人の子どもたちに、その旨を知らせに行った。子どもたちは、顔を見合わせてうれしそうに、

「そうなんだ!」

とつぶやいた。そこには、偶然ではあったけれども、自分たちの活動が間違っていなかったことを知って満足している表情があった。

2 「何のために」を全職員で共有

主体的に問題を見つけて解決しようとする、前述のような姿が見られるようになったのは、矢田小学校で「学びの転換」に取り組んだ成果であろう。矢田小学校が学びの転換に大きく舵を切ったのは、令和元年度である。名古屋市の新規事業である「画一的な一斉授

業からの転換を進める授業改善」の市内唯一のモデル実践校に指定されたのだ。
「学びの転換をしよう」という提案に対して、「自分にできることはないか？」と能動的にとらえるか、「面倒なことが起きたな、適当にやり過ごそう」と受動的にとらえるか。
「主体的な子ども」を育てるのに、学校や教職員が「主体的」でなければ、うまくいくはずがない。そういった思いから、当時、矢田小学校の校長であった私は、「やらされ感」ではなく、「自らやってみよう」というポジティブなマインドセットを、自校の教職員に醸成したいと考えた。

モデル校指定の公表は4月であった。そのため矢田小学校に人事異動してきた者も含めて、教職員は4月になって初めて、自分の勤務校が突然、モデル校になったことを知ることになった。当初、職員は、具体的に一体何をやらなければならないのか、大変な負担が自分の身に降りかかるのではないか、といった訳がわからない不安を感じたことだろう。

そこで私は、4月の職員打ち合わせで、次のような話をした。

「『画一的な一斉授業からの転換を進める授業改善』という事業のモデル校となりましたが、これは、これまでの皆さんの授業が『画一的でよくない授業だった』という意味ではありません。これまでも、子どもの活動が中心となるような授業を皆さんが工夫してこられたのを、私は見てきました。つまり、今の学校教育の授業の枠組みの中でできる工夫を、先生方はされてきました。これからは、『名古屋の学校教育の授業の枠組み』を転換するということです。いずれ全市で取り組むことを、本校は、他校より一足先に始めるということです」

こう述べた後、私は一層、言葉に力を込めて次のように語った。

「大切なのは、『なぜ、転換が必要なのか』ということです。一言で言えば、これからの社会が大きく変わり、そこで求められる能力の在り方がこれまでとは違うものになるからです。となると、学校も変わる必要があります。これまでこうするのが当たり前としてきたことにとらわれず、『真に子ども主体の学びとは何か』を一緒に考えていきましょう」

そして、社会がどう変わろうとしているのかを知り、どんな能力が必要になるのかを考えるために、政府広報の動画「Society 5.0」を職員と一緒に視聴したり、オックスフォード大学の研究チームによる、10年から20年後に「残る仕事」と「なくなる仕事」を予測した論文『The Future of Employment（雇用の未来）』（２０１３）の内容を紹介したりした。すると、職員からこんな声が聞かれた。

「こんな世の中が、もう間もなく現実になるんですね」

「こういう社会では、指示されたことがきちんとできるだけでなくて、自分で考えて工夫したり、自分で問題を見つけて解決したりする力が、確かに必要になりますね」

「私たちは、どうしたらいいのだろう？」

3 年度目標を教職員みんなで決める

初めて校長になった年から、毎年大切にしていることがある。それは、「学校グランドデザイン」の年度目標を、職員と話し合って決めることである。「学校グランドデザイン」には、学校運営の根幹として、目指す学校像やその実現を図るための方策を校長が示す。年度目標とは、その年度内で達成を目指す目標である。私は、これを決めるのに、職員の参画を重視している。そして、次のように呼びかけている。

「子どもの実態や保護者・地域のニーズを一番強く肌で感じている皆さんの考えをもとに、年度目標を決めたいと思います。年度末にどんな子どもの姿があるとよいかをイメージして考えてください。考えるときには、子どもにもわかる言葉で考えてください。なぜなら、年度目標は、校内職員だけでなく、子ども・保護者・地域の方にもお知らせし、みんなで共有したいからです」

このように話すとともに、参考資料として、「名古屋市の学校教育努力目標」や「ナゴヤ子ども応援大綱」といった本市の重点がまとめられたプリントを職員に渡し、校長の願いも語る。そして、職員がグループに分かれ、付箋紙にそれぞれの考えを書き出し、議論する。

「やはり、自分で問題を見つけて、見通しをもって取り組めるようにしたいよね」

「私は、子どもが解決したい、やってみたいと主体的になる姿が見られるといいなと思います」

「そういう姿を、子どもにわかる言葉で言うとどうなるかな」

このような対話を重ねながら、令和元年度の年度目標が次のように決まった。

『わくわくを見つけて、自分の力でやりとげよう』

この文言の中の「わくわく」とは、子どもが解決したいとわくわくするような「問い」を指している。「やってみたい」という学びの原動力となるような問いを見つけ、子どもが主体的に見通しをもって、友達と助け合いながら、自分の力で解決する。そういった目指す子どもの姿を、年度目標を決める議論を通して、職員みんなで具体的なイメージをもって共有することができた。

こうして職員と決めた年度目標を主軸にして、学校グランドデザインを作成した。そして、それを職員に提示することはもちろん、ＰＴＡ総会や学区連絡協議会でも説明した。また、朝会の校長講話で、年度目標について子どもたちに話をした。こうして、丁寧に、年度目標を子ども本人と関わる大人で共有することで、何を目指して授業改善をしていくのかという、ベクトルを揃えていった。

4 プロジェクト・ベースド・ラーニングとの出会い

モデル実践校に指定された年、1学期の頭から、すぐに新しい授業実践が始められたわけではない。このモデル事業には、民間の教育関連事業者が提携することになっており、その事業者については、6月以降に市により選定され、7月に学校と顔合わせをすることになっていた。また、タブレット端末が先行導入されることが決まり、ｉＰａｄが１６０台（4学級分相当数）、9月から入ることになっていた（全児童数は当時４２６人、学級数は、特別支援学級含めて17学級だった）。

そういった事情により、1学期は、子ども主体の授業の基盤となる学級づくりに、各学級が力を注ぐことにした。互いに認め合い、どの子も安心して自分らしく生活できる集団づくりを目指した。そして、「授業を、子どもを主語にして考えていこう」と投げかけた。

7月に入ると、民間の教育関連事業者決定の連絡があった。事業者は、日本ＰＢＬ研究所である。ＰＢＬとは、プロジェクト・ベースド・ラーニング（Project Based Learning）の略で、プロジェクト型学習と言われるものである。子どもたちが、自分の興味・関心や疑問をもとにプロジェクトを立ち上げ、解決のための計画を立て、探究する。そしてゴールとして考えたことを実行し、成果を発表する。そういった長期間に渡る子ども主体の営みを通して、子どもたちは将来直面するだろう様々な問題を解決するために必要な力を獲得する、という学習である。矢田小学校では、主に総合的な学習の時間と生活科（低学年）で行うことにした。その基本的な考え方について、夏季休業期間中に、日本PBL研究所の専門家を学校に迎えて、職員研修を行った。

PBLで最も大切なこととして、私も含めた職員の心に残ったことが二つある。それは、「ドライビング・クエスチョン」と「子どもの自己選択・自己決定」である。

一つ目の「ドライビング・クエスチョン」とは、子どもが探究（ドライブ）するための問い（課題）であり、子どもが自ら立てる問いのことである。単に問いを子どもが自分で決めればよいというわけではなく、子ども自身にとって、追究したくてたまらない問いであることが必要だ。これによって探究が方向付けられ、プロジェクトが自分ごとになる。これが、探究活動のエンジンに当たるのだ。

二つ目の「子どもの自己選択・自己決定」は、問いはもちろん、解決する方法や手順、時間配分や誰と協力して進めるかといった、学びのプロセスのすべてにおいて、子どもが自己選択・自己決定することを重視するという意味である。一般的に、従来の授業においては、授業の流れや教材・学習方法はすべて教師が決めて、全員同じ内容を、同じ方法で、同じペースで行うことが多い。ＰＢＬでは、内容も方法も学習のペースも、子ども一人ひとりが自分で決めていく。

このような学びが実現すれば、きっと子どもはわくわくして取り組むに違いない。そういった学びとなることを願って、私は、矢田小学校での新たな学びを、「わくわく学習」と名づけた。そして、ＰＢＬを総合的な学習の時間や生活科で行い、そういった発想を生かした教科学習をタブレット端末を効果的に活用して進めていくことにした。

5 「どんな力をつけるのか」を全職員で話し合う

このような子ども主体の学習では、子どもが好き勝手やって、結局、「活動あって学びなし」といったことにならないか、心配に思う教員も少なからずいた。そのような中、夏季休業中の研修の中で、日本ＰＢＬ研究所の市川洋子理事長の指導のもと、「矢田小ＰＢＬで、どんな力をつけるのか」を、教員全員で話し合う時間を設けた。

話し合いに先立って、まず、子ども全員に、アンケートを書いてもらった。質問は、次の二つである。

【つけたい力を整理し、話し合う教員たち】

1　これまでの総合的な学習の時間や生活科で、どんな力がついたと思いますか。
2　これから、総合的な学習の時間や生活科で、どんな力をつけたいですか。

話し合い当日、このアンケート結果からわかる「子ども自身がつけたいと思う力」と、教師が「矢田小学校の子どもたちにつけたい力」の双方を、それぞれ色の違う付箋紙に次々と書き出していった。

ある程度、付箋紙に書き出したところで、それぞれが書いた付箋紙をグルーピングして、模造紙に貼っていった。そして、模造紙ごとに似たようなものをまとめ、最終的に六つの力に整理し、それぞれの力に、次ページの表のような名前をつけた。そして、この六

つけたい力	具体的な姿
わくわく発見力	・生活や学習の中から疑問を発見することができる。 ・疑問を解決することにわくわくすることができる。
わくわく解決プランニング力	・解決のための見通しやゴールをもつことができる。 ・解決のための計画を立てることができる。
わくわく探究力	・情報を活用することができる。 必要な情報を集める（低学年）。分類・整理する（中学年）。 情報から、自分なりの考えをもつ（高学年）。 ・課題解決に粘り強く取り組むことができる。
伝えたいことを表現する力	・伝えたいことを相手にわかりやすく伝えることができる。 ・自分の考えを適切な方法で表現することができる。
他者と関わる力	・他者と協力して課題を解決することができる。 ・他者の思いや考えを受け止めることができる。 他の考えを理解する（低学年）。比較しながら聞く（中学年）。 異なる考えを大切にしながら他者と関わる（高学年）。
自己を見つめる力	・学びを振り返りながら、ゴールに向かうことができる。 ・学んだことを生活や学習に活かすことができる。 ・社会・地域の一員として考え、行動することができる。

【矢田小学校「わくわく学習」でつけたい力】

つの力について、各学年の評価規準を整理していった。

この六つの力は、授業を行うとき、教師だけが意識しているものではない。子どもたちとも共有し、単元のはじめにこの単元でどんな力をつけたいかを、一人ひとりが意識できるようにする。そして、毎時間の振り返りや、単元全体を振り返る際には、どんな力がついたかを子どもたち自身が自覚し、次の学びへのステップとする。PBLでは、つけたい力の明確化と振り返りは、不可欠である。

自走する子ども、教師は伴走者

1 わくわく学習が始まるよ！

9月、夏休みが明けて、子どもたちが登校してきた。早速、朝会で子どもたちに、「わくわく学習」が始まることを話す。

【「わくわく学習」イメージキャラクター：わくわっくん】
※右手に学びのゴールを表す旗をもち、左手にタブレット端末をもつ

「わくわくすることを見つけて、わくわくしながら自分の力でチャレンジしましょう。失敗しても大丈夫。友達と助け合って、いろいろ試してみてください。困ったときは、先生やわくわくサポーターの人に相談してみましょう」

「わくわくサポーター」とは、矢田小学校の職員以外の、「わくわく学習」をサポートするスタッフである。スタッフは、日本ＰＢＬ研究所の市川洋子理事長、同研究所研究員の東條さおり氏（学校に常駐）、名古屋市教育委員会の主査や主事、この事業により新しく配置されたICT支援員である。このときの朝会の内容を、「わくわく学習」のイメージキャラクター「わくわっくん」（前ページ・上図参照）とともにプリントにまとめ、保護者に配布した。その裏面には、保護者向けの手紙を掲載し、取組の方向性を伝えるとともに、子どもの自律を育むために、次の2点について各家庭に協力をお願いした。

・子どもの試行錯誤を否定せず、自ら考え、行動しようとする姿を励ましてください。
・地域や社会に広がっていく学びのため、家庭・地域のご理解・ご協力をお願いします。

2／追究したくてたまらない問いをもつ

「ドライビング・クエスチョンが大切なのはわかった。でも、どのようにしたら、子どもたちにそれをもたせられるの？」

教員たちがまず直面した悩みである。探究のエンジンに関わる部分であるだけに、悩む

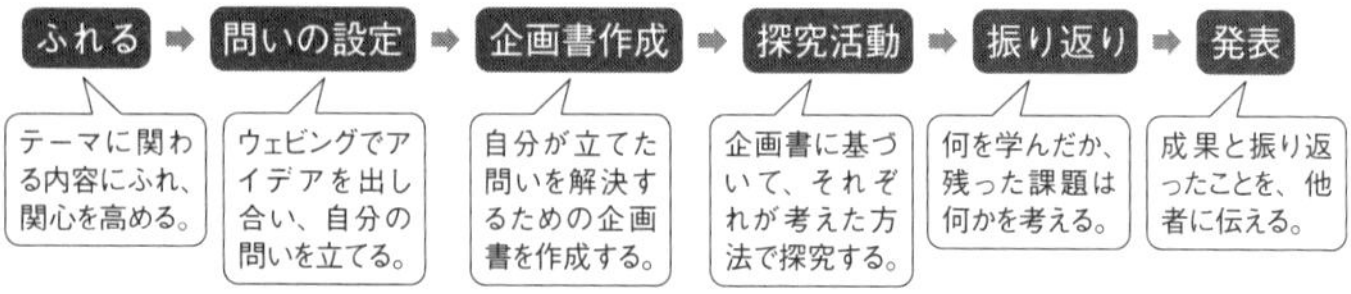
ふれる
問いの設定
企画書作成
探究活動
振り返り
発表
テーマに関わる内容にふれ、関心を高める。
ウェビングでアイデアを出し合い、自分の問いを立てる。
自分が立てた問いを解決するための企画書を作成する。
企画書に基づいて、それぞれが考えた方法で探究する。
何を学んだか、残った課題は何かを考える。
成果と振り返ったことを、他者に伝える。

【矢田小学校「わくわく学習（総合的な学習の時間）」の流れ】

のも当然である。

矢田小学校ではこの年、総合的な学習の時間のカリキュラムを全面的に見直した。学年ごとに大まかなテーマを決め、1年かけて探究する大単元をどの学年も組むことにした。テーマは、6年生が「名古屋の魅力」、5年生が「福祉」、4年生が「環境」、3年生が「仕事」である。1・2年生は生活科の単元をベースに、ＰＢＬ的な発想で取り組むことにした。また、単元の流れを、日本ＰＢＬ研究所の市川理事長の指導のもと、上図のように決定した。

この単元の流れによれば、問いをもつためには、「ふれる」活動が鍵となることが想像できる。教員たちは、どのようにテーマに関わる内容にふれさせれば、子どもたちから疑問がたくさん出てくるのかを考えた。

実践1年目の6年生の担任は、日頃、名古屋の魅力を考えることはあまりないことから、子どもたち同士で話し合ったり、自由に調べたりする時間を十分に取った。その上で、子どもたちが、「名古屋の魅力」という言葉からイメージするものを、どんどんつなげて書き出していき、考えを広げた中で、探究したい問いを決めていっ

- ・名古屋めしの認知度をどうすれば上げられるか。
- ・レゴランドの魅力を伝えるにはどうすればよいか。
- ・熱田神宮に興味をもたせるために自分にできることは。
- ・たくさんの人がナゴヤドームにいきたくなるためには。
- ・名古屋の水をさらに安全においしくする方法は。

【６年生の子どもたちの問いの例（矢田小学校・実践１年目）】

た。問いを決める上で大切にしたことは、主に次の三つである。

①子ども本人がわくわくする。
②「はい」「いいえ」で答えることができない。
③自力で探究が可能なものである。

こうして決めた問い（上図参照）をもとに、何をもって探究のゴールとするかを考えた。こうして探究をしていったが、子どもたちの中には、何のためにそのプロジェクトを行っているかがはっきり答えられなかったり、なぜそれを行うのかといった思いが薄いと感じられたりすることがあった。そういった思いを抱えて取り組んだ実践1年目の年度末の会議では、教員たちからは、次のような声が上がった。

「探究したいとわくわくする問いにするために、もっと『ふれる』活動を充実させるべきだ」

5年生は、福祉をテーマに、「ふれる」活動で、車椅子体験や高齢者疑似体験、ブラインド・アイ体験を行っていた。そのような活動から関心をぐっと高めた子どもは、自分から探究のアイデアが湧き上がっていった。

「問いに対する思いが薄いと、のめり込みにくいのでは？」

「自分ごとの問いにつながるよう、もっと体験したり、本物にふれたりする機会があるとよいのでは？」

そういった声が教員から上がった。

実践2年目の6年生の担任は、同じ「名古屋の魅力」をテーマとして、「ふれる」活動を次のように見直した。子ども自身が名古屋の魅力に十分に浸ることで、名古屋の魅力を発信する必要感がもてると考え、企業や法人と連携し、出前授業を行ったり、校外学習に出かけたりした。連携先は、子どもたちの希望をもとに、以下に決めた。

- 公益財団法人名古屋観光コンベンションビューロー（名古屋の観光・PRについて）
- 有松・鳴海絞職人（名古屋の伝統工芸の絞り染めの実演と体験）
- コメダ珈琲店（名古屋の喫茶文化についての話と調理体験）
- レゴランド®・ジャパン（レゴランド®の説明や、レゴ®ブロックを使ったワークショップ）
- （株）さんわコーポレーション（名古屋の食文化についての話と、手羽先や名古屋コーチンの実食）

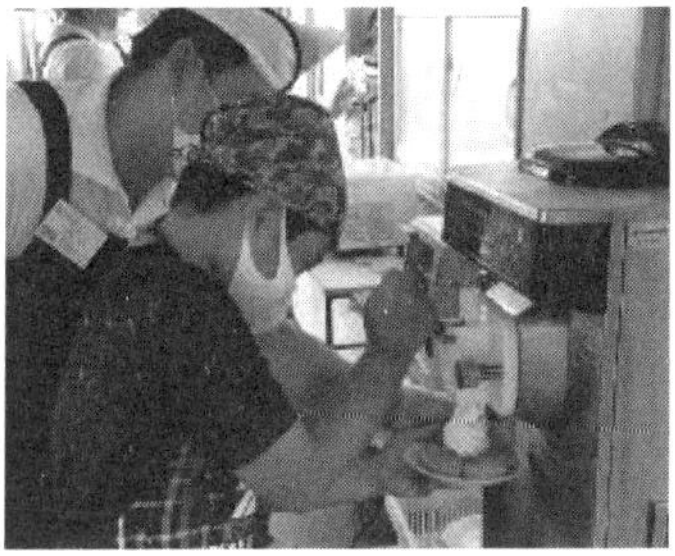

【コメダ珈琲店による調理体験】

【有松・鳴海絞職人との染め物体験】

・名古屋城（校外学習による見学と本丸御殿修復職人の話）
・東山動植物園・名古屋港水族館（校外学習による見学と職員の話）

こうして本物に直接ふれた子どもたちの関心は、一気に高まった。同時に、「名古屋は魅力がない都市だと言われている」ことを知り、国語科の単元「パネルディスカッションをしよう」で、「名古屋を好きになってもらうには、名古屋のどんな魅力を、どんな方法で伝えればよいか」というテーマで話し合いを行った。

話し合いをしていく中で、「どこに魅力を感じるか」「誰に伝えたいか」をはっきりさせるべきだという意見が出てきた。この話し合いの準備として考えを整理したり、話し合う中で互いの視点を共有したりして、一人ひとりが追究したいと思える問いを明確にしていった。

3 子どもの自己選択・自己決定により進める探究活動

問いを立てた後、子どもたちは企画書を作成した。どんなゴールを目指すのか、何を調べるのか、どのような順番でどれくらいの時間配分で探究活動を進めていくのかを、同じような問いをもった子ども同士で話し合い、自分たちで決めて計画を立てた。

矢田小学校では、「ログブック」（日本PBL研究所作成）というプロジェクト型学習の手引きを参考に取り組んだ。実践3年目になると、「ふれる」活動で関わった外部連携先（名古屋観光コンベンションビューロー、レゴランド®・ジャパン、コメダ珈琲店）とオンラインでつなぎ、子どもが作成した企画書について、それぞれの専門分野の視点から疑問点や意見を子どもたちに投げかけていただいた。子どもたちは、外部連携先の方から曖昧な点を指摘してもらったり、アイデアをもらったりした。その後、外部連携先の方からもらった意見やアイデアをもとに、それぞれのグループが企画を練り直し、それぞれの探究活動につなげていった。

自分たちで立てた企画書に基づいて探究活動を始めた当初は、実のところ、活動の見通しが甘いなどで、行いたい活動が思うように進まなかった子どもも多かった。このようなとき、従来型の授業では、「こうしたら？」「そんなことやってもうまくいかないから、こうしなさい」という教師の指示や声かけが多かった。

指示的になりがちな教師の関わりを、子ども主体の学びを支援する形へといざなってくれたのが、日本ＰＢＬ研究所の研究員で、矢田小学校に常駐していた東條さおり氏である。東條氏は、「教師の役目は、サポーター」と教師たちに伝え、実際に教室に入って、教員とともに子どもたちの活動を支援した。すると教師たちは、調べる視点や活動の方法など、探究活動の行い方を、選択肢を挙げて子どもたちに自己選択・自己決定するよう支援していくようになった。子どもたちは、少しずつ自ら見通しをもって、主体的に活動していくようになっていった。

また、子どもが必要と感じたときに、自由に友達と学び合うことを保障した。似たテーマの子どもがアドバイスをしたり、違うテーマの子どもから新たな視点を得たりすることは、探究の質を高めることにつながる。ポスターなどの製作物は教師に見せる前に必ず子ども同士で意見をもらい、チェックをしていた。また、探究活動の最中にも企業や法人と連携するグループがあった。名古屋観光コンベンションビューロー、レゴランド®・ジャパン、コメダ珈琲店、有松・鳴海絞職人と関連するテーマを選んでいた子どもたちは、それぞれの連携先と定期的にオンラインでつながり、アドバイスをもらったり、その連携先に還元できることはないかを考えたりした。

また、実践３年目では、「本物にふれる」体験ができるよう、それぞれが自分たちのプ

○1年生を招待し、名古屋の魅力を様々な方法で伝える企画（Nagoya Festival）を開催。
○有松・鳴海絞の保護者向けのワークショップ開催。
○オアシス21iセンターに歴史探検パンフレット、名古屋に関わるレゴ作品の設置。
○なごやめし矢田学区シールラリーの企画・開催。
○BAKERY67と名古屋名物を生かした新しいパンの考案・販売。
○有松・鳴海絞についてのチラシを同封したティッシュを、イオンモールナゴヤドーム前で配布。
○ZOOMを使った児童向け朝会で、わくわっくん×名古屋めし×マスクの宣伝。（※コロナ禍の最中の実践であった）

【6年生の子どもたちのゴールの例（矢田小学校・実践2年目）】

ロジェクトに関係のある施設等にフィールドワークに出かけた。探究の真っ最中ということもあり、どのグループも目的意識をもって出かけることができた。3年の継続によって、子どもの主体的な学びに、大きな収穫を得ることができた。

こうして探究活動を進めてきた子どもたちは、探究活動のゴールとして、上図のような様々な企画を考え実行した。

4 試行錯誤は学びの源

子どもたちは、どのグループも無駄なく、最短コースでゴールに辿り着くわけではない。探究していく中で、当初計画していたことを、大きく変更せざるをえなくなることも、珍しくはない。調べたことが無駄になってやり直しをしたり、ゴールが変更になったりすることもあった。そのような状況の中で、どうするかを考えて軌道修正することが、学びを調整する力を培うことにつながる。

「名古屋の魅力」について探究していた6年生のあるグループは、名古屋の魅力が伝わる商品開発をすることをテーマに探究活動を進めていた。当初、商品開発や客としてのニーズについて調べ、コメダ珈琲店でメニューに加えてもらうことを想定して、名古屋名物を生かしたパフェやケーキを考案した。コメダ珈琲店とオンラインミーティングを行い、商品化の提案をしたところ、担当者から、「商品化には半年かかります」と言われ、やむなく断念することになった。

その後、子どもたちはしばらくの間、代案が決まらず悩んでいた。話し合いの結果、二つのグループに分かれることになった。商品開発ではなく他のグループのテーマに変更するグループと、あくまで商品開発にこだわるグループである。前者は、他のグループが企画するイベントにブースを出店して、自分たちが考えた名古屋めしのレシピを紹介することにした。後者は、学区のパン屋の協力を得て、名古屋名物をモチーフにしたパン

【考案したパンの試作品をもとに販売打ち合わせ】

買った人へのアンケートを作成
商品のタグに
QRコードを

【商品にアンケートのQRコードを】

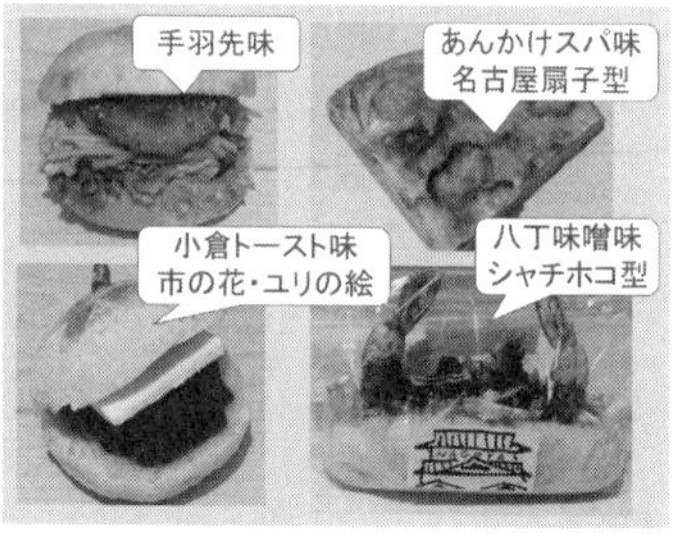
手羽先味
あんかけスパ味
名古屋扇子型
小倉トースト味
市の花・ユリの絵
八丁味噌味
シャチホコ型

【子どもたちが考案し、販売されたパン】

を考案し、販売することを目指した。

パンの商品開発を目指した子どもたちは、パンに合いそうな名古屋名物を再度調べ直したり、家庭でパンの試作をしたりした。そうして考えた名古屋名物パンの案を、パン屋の店の人に提案した。改めてパン屋に打ち合わせに行くと、パン屋の店の方が、店頭に出すパンの試作品を提供してくださった（前ページ写真）。

この後、子どもたちは、商品の個包装の袋に貼るシールや、お店に商品とともに置くポップを作成した。さらには、商品のタグにＱＲコードをつけ、買った人にＷＥＢでアンケートに答えてもらうようにし、商品の感想を得られるようにした（上写真参照）（※ＱＲコードは株式会社デンソーウェーブの登録商標）。

壁にぶつかった子どもたちが、どうしようかと悩み、次にどう進むかを自分たちで考え自己決定する経験は、今後の人生において強みになるに違いない。

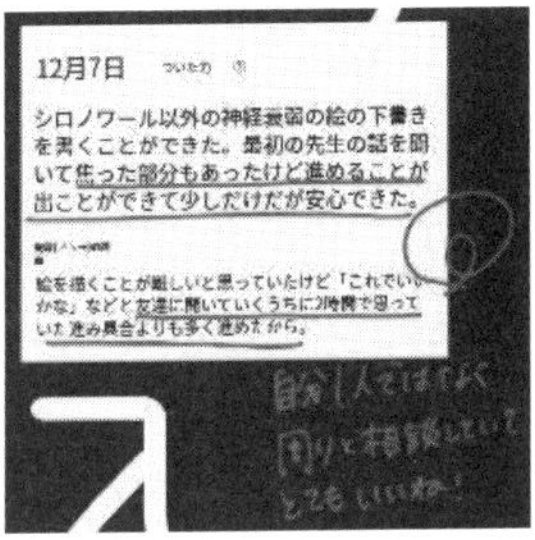

【タブレット端末での学習履歴図の一部】

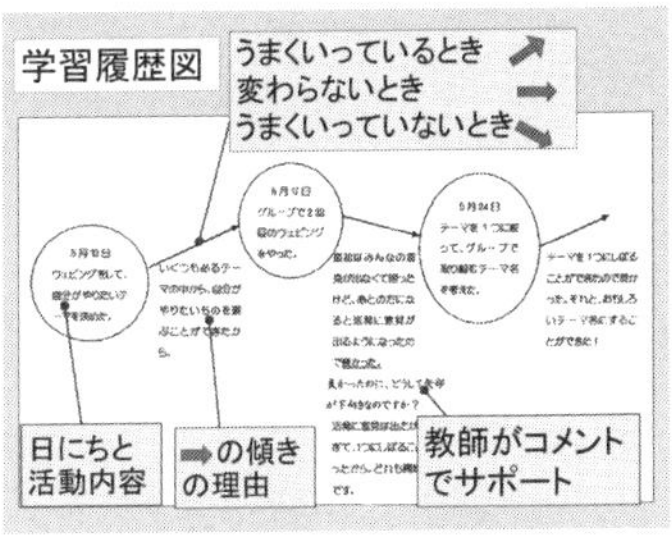

【学習履歴図に書く内容】

5 振り返りをしながら学びを調整する

このように、子どもたちが教師の指示を待つことなく、自らの計画に基づき、自走する学びにおいて、教師の役割は、サポーターでありファシリテーターとなる。つまり、自走する子どもたちの傍らにつき、ともに伴走するのだ。

子どもの自走に伴走する一つの手立てとして、「学習履歴図」（上図）というものを活用している。「学習履歴図」とは、子どもが毎時間の活動を振り返り、何をしたか、できたことやできなかったことは何かなどを、記録していくものである。

教師は、毎時間この「学習履歴図」を見て、個々の子どもの進捗状況を把握し、コメントを書き込むことで、個々の学びを支援していく。紙に鉛筆で書いていく学年もあれば、タブレット端末を使って、ロイロノート・スクールのシートに書いていく学年もあった。

それぞれの探究活動のゴールとして子どもたちが企画した活動では、企画に参加した他学年の子どもや保護者、一般の方などから、感想やアドバイスがもらえるように工夫を凝らしていた。パンフレットやイベントのカードなどにQRコードをつけ、作成したアンケート（Google Forms を活用）に答えてもらったり、参加した人に直接インタビューしたりした。

探究活動の締めくくりとして、そうした他者からの反応も参考にしながら、子どもたちは、1年間を通したプロジェクトの振り返りを行った。自分たちのゴールは達成できたのか、なぜそれができた（できなかった）のか、自分が身につけたい力がついたのか、成長したことは何かを振り返った。このような振り返りをすることで、子どもたちは自分の成長や課題に気づき、次の学びへとつなげていった。

6 発表した相手からの反応が次の学びに生きる

探究活動や振り返りを終えた後、取り組んできたプロジェクトを保護者に発表する「わくわくフェスタ」を、年度末に行った。コロナ禍であるため、1年目は全国一斉休校により中止、2年目・3年目は、オンラインで保護者や協力してくれた外部連携先の方に向けて発表した。

これまでの活動の中で、自分たちがこだわって探究をしてきたポイントや上手く進められず大変だったこと、そして結果としてどんなゴールを達成できたのか、どのような成長があったのかを、スライド画面や紙面にまとめて発表した。

また、一方的に子どもたちが伝えるのではなく、相手の反応を見ながら話すことを大切にした。中・高学年では、オンライン上のミーティングルームに分かれて、グループごとに聞き手とのやりとりをしながら話をした。質問やアドバイスの時間を十分に取り、大変だったことや頑張ってきたこと、なぜゴールが変更になったのかなど、まとめてあった内容以外に、伝えきれなかった内容についても深く話すことができていた。

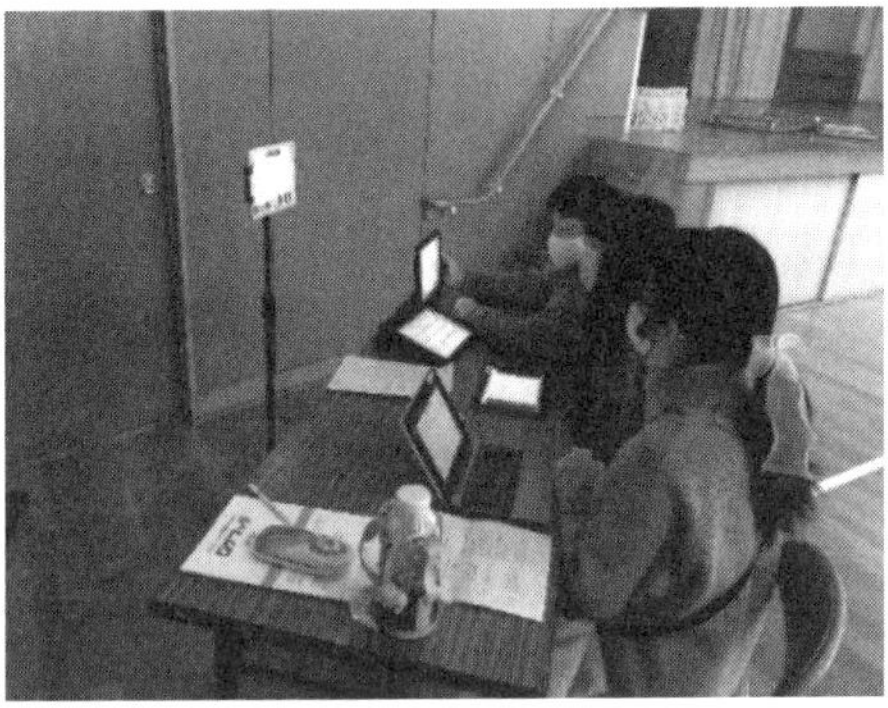

【オンラインでプロジェクトの成果を発表する子ども】

タブレット端末は子どもが主体で使う文房具

1　「教師が使わせる」から「子どもが主体的に使う」へ

タブレット端末が導入された1年目は、「これを効果的に活用するには、教師はどんな場面で、どのように子どもたちに使わせるとよいだろうか」を考えていた。つまり、活用しようと判断する主体は、教師だった。カメラ機能をどんな場面で活用できそうか、自分の考えを表すのにどの機能を使うと効果的かといったことを教師が考え、一斉に子どもたちに使わせていた。

そのうち、一人ひとりの考えを瞬時に全員で共有し、手元のタブレット端末で見られることの利便性から、様々な教科で、考えを共有して、それをもとに話し合う場面で、積極的に活用されるようになっていった。つまり、同じ課題に同時に取り組み、考えを交流して進める「単線型」の学習である（次ページ図・例1）。

2年目に入り、ＰＢＬを取り入れた総合的な学習の時間の考え方が教員たちに定着し始

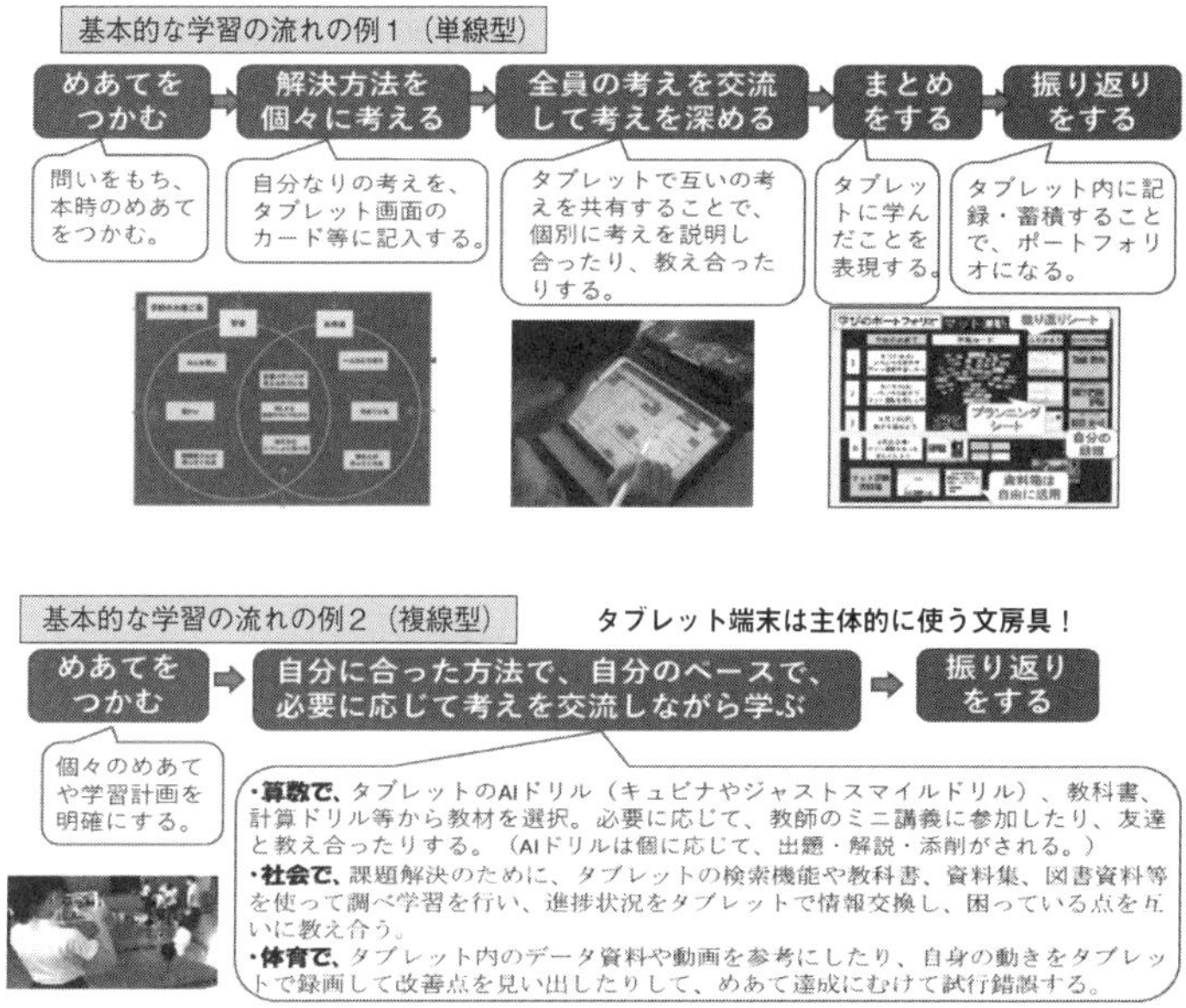
基本的な学習の流れの例１（単線型）
めあてをつかむ
解決方法を個々に考える
全員の考えを交流して考えを深める
まとめをする
振り返りをする
問いをもち、本時のめあてをつかむ。
自分なりの考えを、タブレット画面のカード等に記入する。
タブレットで互いの考えを共有することで、個別に考えを説明し合ったり、教え合ったりする。
タブレットに学んだことを表現する。
タブレット内に記録・蓄積することで、ポートフォリオになる。
プランニングシート
自分の目標
資料等は自由に活用
振り返りシート
基本的な学習の流れの例２（複線型）
タブレット端末は主体的に使う文房具！
めあてをつかむ
自分に合った方法で、自分のペースで、必要に応じて考えを交流しながら学ぶ
振り返りをする
個々のめあてや学習計画を明確にする。
・算数で、タブレットのAIドリル（キュビナやジャストスマイルドリル）、教科書、計算ドリル等から教材を選択。必要に応じて、教師のミニ講義に参加したり、友達と教え合ったりする。（AIドリルは個に応じて、出題・解説・添削がされる。）
・社会で、課題解決のために、タブレットの検索機能や教科書、資料集、図書資料等を使って調べ学習を行い、進捗状況をタブレットで情報交換し、困っている点を互いに教え合う。
・体育で、タブレット内のデータ資料や動画を参考にしたり、自身の動きをタブレットで録画して改善点を見い出したりして、めあて達成にむけて試行錯誤する。

【矢田小学校でのタブレット端末活用の授業例】

めると、各教科の学びの在り方にも変化が見られるようになった。教科においても、子どもが自走する学びを目指し始める教員が現れた。すると、タブレット端末の活用も、教師が一斉に同一方法で子どもたちに使わせる授業だけでなく、子どもが自分のペースで、自分に合った方法で進めるうちに、「使いたい」と子どもが判断したときにタブレット端末を使う授業が見られるようになった。タブレット端末が、子どもが主体的に使う文房具となったわけである。

私は、教員たち自身が授業改善を自走して進め、子ども主体の発想で工夫を重ねていることをとてもうれしく思い、大いにほめた。また、教務主任は、専科として入っていた教室で、タブレット端末を子ども主体で活用する探究型の授業を率先して行い、他の教員に公開していた。しばらくすると、そうした授業を真似る教員が現れ、少しずつ、子ども主体の使い方が広がっていった。

これは、それぞれ異なった課題に対して自分に合った方法で自分のペースで、必要に応じて考えを交流しながら進める「複線型」の学習である（前ページ図・例2）。そういった「複線型」の授業は、「単元内自由進度学習」として、その後定着していった。「複線型」では、子どもが主体的にタブレット端末の多様な機能を使う。伴走者の教師は、タブレット端末内に、子どもが自走する手がかりとなる資料やデータを準備しておき、子どもが必要とするタイミングで、それらを活用して学習を進めていった。

子どもたちは、タブレット端末を主体的に使って自分のペースで進める授業を「絶対こっちのほうが楽しい」と話していた。また、多様な機能を次々と自ら発見して、活用の幅を広げていった。

学校教育全体を子ども主体に

モデル実践校としての1年目の3学期、私は次のようなことを考えた。主体的な学び手を育てるためには、授業の転換を図るだけでなく、学校教育全体を同じ方向に転換していくほうが効果的ではないだろうか。この考えを教頭に伝えると、教頭は即座に、「ルービックキューブのように考えるということですね」と言った。

確かにルービックキューブは、一面ずつ色を揃えるのではなく、全体を見ながら六面を一気に揃えなければならない。私は早速、次年度に向けて「ルービックキューブ型改革」を教職員で話し合って進めていくことを提案した。

1 生活のきまり（校則）の見直し

まず、「生活のきまり」である。当時、数えてみると、子どもたちが守らないといけな

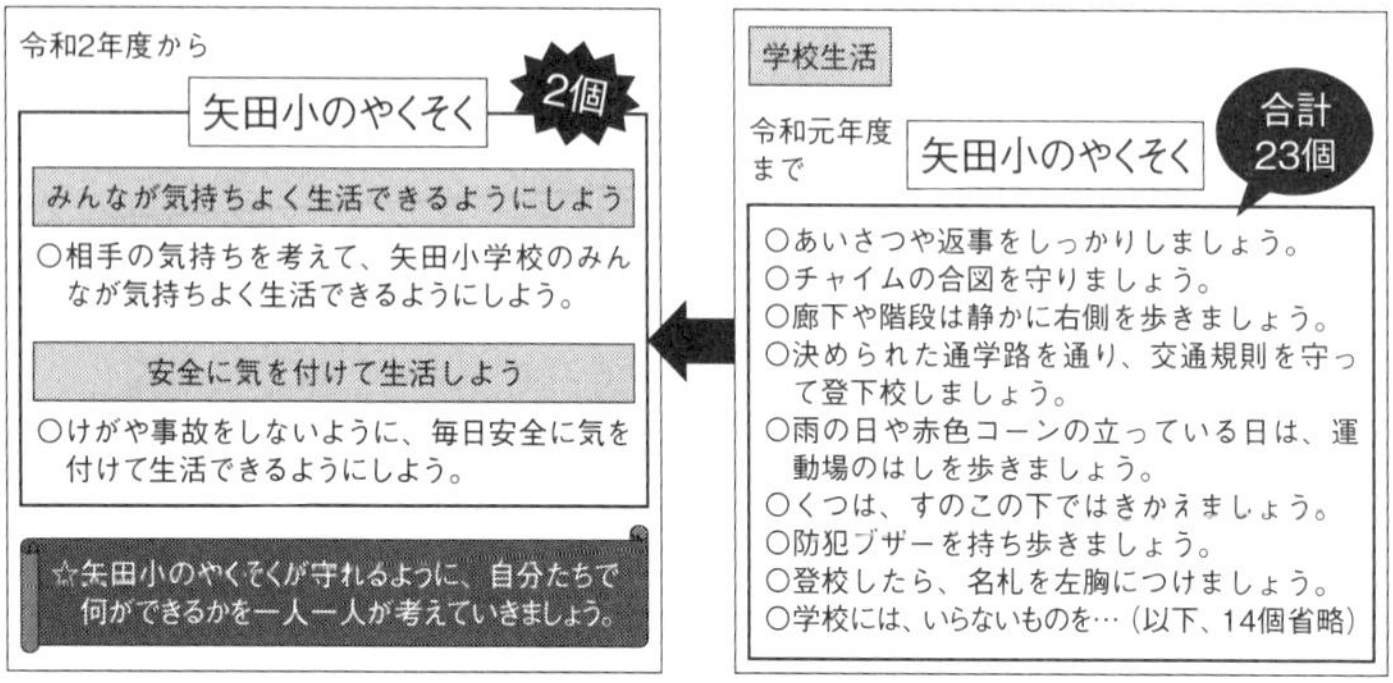
学校生活
令和元年度まで
矢田小のやくそく
合計23個
○あいさつや返事をしっかりしましょう。
○チャイムの合図を守りましょう。
○廊下や階段は静かに右側を歩きましょう。
○決められた通学路を通り、交通規則を守って登下校しましょう。
○雨の日や赤色コーンの立っている日は、運動場のはしを歩きましょう。
○くつは、すのこの下ではきかえましょう。
○防犯ブザーを持ち歩きましょう。
○登校したら、名札を左胸につけましょう。
○学校には、いらないものを…（以下、14個省略）
令和2年度から
矢田小のやくそく
2個
みんなが気持ちよく生活できるようにしよう
○相手の気持ちを考えて、矢田小学校のみんなが気持ちよく生活できるようにしよう。
安全に気を付けて生活しよう
○けがや事故をしないように、毎日安全に気を付けて生活できるようにしよう。
☆矢田小のやくそくが守れるように、自分たちで何ができるかを一人一人が考えていきましょう。

【令和２年度以降の生活のきまり】　【令和元年度までの生活のきまりの一部】

いとされていたきまりが23個（右上の図）あった。その中には、「なぜ、こうしないといけないのか」を、子どもも教師も理由を明確に答えられないものもあった。絶対に必要な根本的なことに絞って、あとは子ども自身が考えて判断するようにしたいと伝えると、一部の教師から、「そんなことしたら、ルールがぐちゃぐちゃになって、子どもたちの生活態度が乱れるのではないですか」という反応が返ってきた。一方で、ルービックキューブの考え方に賛同する声もあり、とりあえずやってみて、子どもの様子を見てまた考えようということになった。そして、生活指導部会で話し合った結果、左上の図のような二つのきまりに絞り込まれた。

　1年後、次年度の方針を話し合うときに、教職員からは、次のような声が多く上がった。

「思った以上に、子どもは自分で判断できていました」

学校行事。体育的行事の例	見ばえ重視		学び重視
	従来の運動会		今年のスポーツフェスティバル
◆競技内容 ◆ダンスの振り付け	教師が考える	➡	上の学年の児童が考える
◆練習方法	教師が教える	➡	ペア学年の児童が教え合う
◆練習時間	多くの時間を使って	➡	体育の授業時間内で

【運動会を子ども主体の行事に転換】

「叱ったり注意したりすることが減りました」

「特に生活が乱れることはなかったので、来年度もこのままでよいと思います」

2 学校行事の見直し

体育主任が、運動会の実施案を例年のものから大きく転換した斬新な案を提案してきた。従来の運動会では、「玉入れ」「大玉転がし」「綱引き」「台風の目」「棒引き」「騎馬戦」といった学年ごとの定番の種目や、教師が考えたダンスに取り組んでいた。それを、ペア学年を基本に、上図のような形で進めるというものである。私は体育主任の発想の素晴らしさに驚きを覚え、大いにほめた。

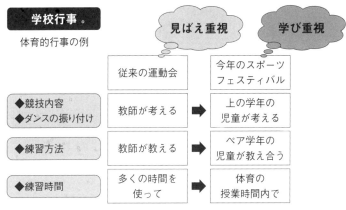

【種目やルールを話し合う】

【上の学年の子どもが教えて練習】

子どもたちが種目やルールを考えること自体初めてであったが、大人では考えつかない、子どもらしい、常識にとらわれない独創的なアイデアが目立った。

「みんなが楽しめるものを」というコンセプトのもと、さいころを振って出た目の数だけフラフープを回して跳んで走るといった、偶然性で勝敗が左右されるものが多かった。

練習では、上の学年の子どもが下の学年の子どもにルールを教え、一緒に練習した。上の学年の子どもが下の学年のことを考えて行動し、下の学年の子どもは、積極的にわからないことを上の学年の子どもに聞いて取り組んでいた。実施後のアンケートでは、子ども・保護者ともに、肯定的な声が多く見られた。

3 家庭学習の見直し

当初、矢田小学校では教師が課題を与える「宿題」が中心であったが、子どもが学習する内容や方法を選択して、自分のペースで主体的に取り組む「自主学習」に移行した。取り組み方は、各学年の担任が、発達段階に応じて工夫する。

子どもが何をしたらよいかわからないというときのために、「家庭学習の手引き」（進め方や課題の選択肢が書かれたもの）を渡し、参考とするようにした。よい取組があれば学級で紹介したり、担任がコメントを書き添えたりして励ますうちに、子どもたち自身が少しずつ内容や方法を考えて工夫するようになった。

4 保護者や地域、教職員とのベクトルを揃える

私は、学校の取り組む方向性を、教職員だけでなく、子ども、ＰＴＡ・保護者、学区の方と共有することを大切にしている。共有するためには、学校が目指す教育ビジョンや取組の経過を、発信することが必要となる。これまでも、子どもたちには朝会で、保護者に

は、ＰＴＡ総会や家庭教育セミナーで、学区の方には学区連絡協議会で、年度目標（2年目からは最上位目標も設定）や取組の様子を伝えてきた。家庭教育セミナーでは加えて、学校と同じ方向で、家庭で子どもと関わる方法を提案するようにした。また、授業参観をコロナ禍であってもオンラインで開催したり、学校ホームページでモデル校としての取組の様子を発信したりした。

さらに、教職員には、職員会議や日々の打ち合わせ等、機会をとらえては、「前年度踏襲ではなく、最上位目標である『主体的な子どもの育成』を常に頭に置いて、行事や教育活動を考えてほしい」と繰り返し語りかけた。そして、できる限り、教室や校内をまわって、子どもの様子や教職員の取組を把握するようにした。子どもの活躍や、教職員の努力やアイデアが見られた際には、すぐにそれを積極的に認め、ほめるようにした。教職員の努力は素晴らしいものであった。とりわけ、研究主任の意識が3年間で大きく高まり、「教員がやらされ感でなく主体的に取り組めるように」と考えていた点は、私にとって大変うれしいものだった。

モデル校の取組を他校に広げる

1 モデル校の何から広げるか

モデル校の指定を受けてからの3年間、矢田小学校の校長を務めた後、私は、市中心部にある現在の栄小学校に校長として赴任した。矢田小学校では日本ＰＢＬ研究所の研究員が常駐していたし、ＩＣＴ支援員の配置時間も他校より多かったが、異動した栄小学校は、モデル校ではなく、特別な予算配当のない普通の学校である。そういった一般の学校でできることを模索することこそ、矢田小学校の取組を全市に広げていく手がかりをつくることになる。また、子ども主体の学びに転換することで、子どもたちの主体性や、学びに向かう姿勢が明らかに変わり、子どもたちの目の輝きが増すことを実感していた私は、新たに赴任する学校でも、教育の転換に取り組みたいという思いでいた。

一から始めようというとき、最も大切にすべきことは何か。

私は、「プロジェクト型学習」や「単元内自由進度学習」といった形ではなく、「なぜ学

令和4年度最上位目標：自分で考え、よさを認め合う子
年度目標
自分から学ぼう！
★ 大切にしたいこと
・主体的にチャレンジする。
・仲間から学び、仲間と協力して学ぶ。
互いのよさを見つけよう！
★大切にしたいこと
・自他のよさを認め合う。
・みんなが気持ちよく生活できるように考えて行動する。
【栄小学校の令和４年度・年度目標】

びの転換が必要か」「これからの時代を生きる子どもにどのような力が必要か」を、学校の教職員・保護者・地域で共有することだと考えている。

赴任した4月1日、会議等のスケジュールを決めている教務主任に、私はこう伝えた。

「30分でいいから、今日、会議の時間をください。年度目標を教職員の皆さんと一緒に考えたいので」

教務主任も教職員も、驚いたことだろう。赴任したその日に、例年にない会議が突然ふってきたのだから。今度の校長には一体何をさせられるのだろうと、不安になった教職員もいたに違いない。

会議室に小型のホワイトボードを数枚用意し、小グループに分かれてもらった。私は、子どもを一番理解している教職員の皆さんの考えをもとに、年度目標をつくりたいと思っていること、これからの時代で求められる力を皆さんと一緒に目指していきたいことなどを語った。そして、当年度の名古屋市の努力目標が書かれた紙面に、私が大切にしたい部分に目印をつけたプリントを配布し、それを参考に年度目標を考えてもらった。もちろん、「子どもたちにわかる言葉で」である。教職員は、考えを付箋紙に書き出し、グループでホワイトボードに整理しながら話し合った。グループの案を発表し、全体で話し合いながら最上位目標を決定した。その後、年度目標についても意見を出してもらい、後日、全員の意見を聞いて、図（前ページ）のような年度目標を決定した。

小グループの話し合いでは、「〜という傾向があるから〜したい」「〜という実態があるから〜を大切にしたい」など、子どもをよく見取っていることがわかる発言が多くあり、校長自身にとっても学びとなるものだった。そのような思いをその場で伝え、栄小学校の教職員の視点の素晴らしさを称賛した。

こうして、新しい学校での初日がスタートした。

2 対話を重ね、学び観の転換を

その後、次のようなことを教職員と話し合ったり、共有したりして、学び観の転換を進めていった。

○学校努力点（校内研究）は、個別最適な学びと協働的な学びを体育科で実践することが前年度末に決まっていた。そこで、まずなぜそういった学びが必要なのかを共有し、体育科の授業を子ども主体にするため、自ら課題をもち、自分に合った方法で自分のペースで行う単元内自由進度学習を取り入れることを話し合った。

○教職員評価シートの今年度の目標を書く欄には、「最上位目標」や「年度目標」をどう具体化するかを書いてもらった。

○教職員面談において、年度目標や学校努力点の実践の相談にのったり、その教員が興味をもちそうな内容の資料を、矢田小学校の実践資料から選んで提示したりした。

○矢田小学校の教員から実践を聞く研修会を、授業終了後に開催した。希望者を連れて矢田小学校を訪問し、体育主任と教務主任から実践事例を紹介してもらった。

○職員室に、新しい学びに関連する書籍を並べておき、自由に見られるようにした。

○「初めからうまくいかなくてよい。子どもも教師も試行錯誤することを楽しみ、一緒に学んでいこう」と投げかけ、みんなで取り組もうという気持ちを共有した。
○ＰＴＡ総会や家庭教育セミナーで、これからの時代で必要となる力と、それが育つ学びについて語った。また、学校の取組を説明し、家庭での関わり方を提案した。
○地域の方が参加する学校関係者評価委員会で、学校のグランドデザインと取組の内容、成果と課題について共有し、意見をもらうことで改善に生かした。
○次年度に向けて、子ども主体の考えに立ち、ルービックキューブ型改革の考えで、総合的な学習の時間の取組や学校のきまり、学校行事等を見直すことを話し合った。

1年目にして、単元内自由進度学習は、教員の主体的な取組により、体育科だけでなく、算数科や理科、社会科などの教科にも徐々に広がっていった。子どもたちは、自由進度学習に生き生きと取り組み、2学期の教育相談では、「学校で楽しいことは何？」という担任の質問に対して、「休み時間と自由進度学習」と答える子どもがいた。

また、2学期頃から、子どもが主体的に考えて活動する姿が増えた。保健委員会の子どもが、給食後の「3分間歯磨き」を定着させたいからと、3分間のタイマーが読み込めるQRコードがついたプリントを作成し、各学級に配布。各学年でタブレット端末をながめながら歯磨きをする姿が一気に広がった。3年生の子どもは、担任も知らないところで、一人ひとりの誕生日を祝うイベントを自分たちで企画して、欠かさず行っていた。

教職員の意識も変わってきた。９月の市内の教育研究集会に参加した本校の教員は、「タブレット端末は、授業のどんな場面で使わせると有効か？」という参加者の質問に対して、「これまでは教師がどう使わせるかと考えていたが、いつ、どう使うかは、子どもが考えることだと思う。子どもが使いたいときに自由に使えることが大切だと思う」と堂々と答えていた。また、３学期の教職員面談では、ある教員はこう語っていた。

「これまでの授業は、子どもが主体的にと言っても、自分の手の上で子どもが活動していました。しかし、今は、子どもが手の上から飛び出し、自由に泳ぐのを、どうサポートするかが大切だという考えになりました」

3 自走し始めた栄小学校の子どもたちと教職員

栄小学校で学びの転換を始めた1年目の3月、うれしいことが二つあった。

一つは、5年生の子どもたちが、自分たちで学校のきまりを話し合い、校長の私のところへ提案にきたことである。彼らは、二つのきまりについて学級で話し合ったのだと言う。

栄小学校では、シャープペンシルは禁止であった。子どもたちは、単に使わせてほしいと訴えるだけでなく、理由もしっかり考えてあった。削らなくてよいメリットを述べ、筆

【学校のきまりの改善を提案する子どもたち】

圧が大切となる書写や漢字の学習は鉛筆を使うこと、授業中に分解するなどして遊ばないことといった条件をつけると説明した。

また、校庭の真ん中に大きなイチョウの木があり、根元を守るための囲いがあるのだが、その囲いの中にボールが入ると、その度に教員を呼ばないといけないらしい。教員に迷惑がかかることと、待っている間に休み時間が終わってしまうことから、代表の子どもが一人だけすばやく入って出ることを許してほしいと言う。ここまで考えたことを否定する理由は何もなく、子どもたちの提案を認めながら、自分たちで考えたことを大いにほめた。子どもたちは満足そうな表情で校長室を出ていった。

もう一つは、次年度の最上位目標（年度目標）を教職員と話し合ったときのことである。2年目となる今回は、最上位目標を話し合うに

【最上位目標を話し合う栄小学校の教職員】

当たって、子どもたちの声と、保護者（ＰＴＡ役員）の声を聞くことにした。

次年度に上学年となる旧3～5年生に、「どんな力をつけたいか、どんな学校にしたいか」と投げかけ、次年度の「学校みんなのめあて」を考えて書いてもらった。予想以上に子どもたちはいろいろと考えていて、「未来の自分に向かって、失敗しても努力を続けていく子」「自分がやりたいことを、とことんできるようにしたい」などの考えを書いた。中には、紙の裏までびっしりと、考えの理由を書く子もいた。ＰＴＡ役員の保護者の方には、学校が目指してほしい目標を書いてもらった。「関わりや助け合いが増え、自立していく子を育てる」「自律学習」「学ぶことが楽しい学校」などの声が上げられた。

話し合い当日、これらを閲覧した上で、小グループに分かれて、卓上ホワイトボードに考えを整理しながら話し合った。グループの話し合いの中で教職員から発せられる言葉は、明らかに1年前とは大きく違っていた。1年前も、子どもの実態に基づく素晴らしい視点が見られたが、今回は、それだけではなかった。「自律した学び手を育てるには」「子どもが自走するには」という視点で語られ、「失敗を恐れずチャレンジできるようにしたい」

「夢中になって取り組める子にしたい」「自分たちで試行錯誤しながらやってみることを大事にしたい」といった声があちこちからごく自然な感じで湧き出ていた。栄小学校の教職員が、子ども主体の学び観へとシフトしつつあることを実感したひとときであった。この話し合いの様子を、名古屋市教育委員会の指導主事が数名、参観に来ていたが、そのうちの一人が、「鳥肌が立ちました」とおっしゃった。子ども主体の学びへの転換を進めている担当者からの言葉に、私も鳥肌が立つくらいうれしく思った。

最後に、グループで出された意見をもとに全体で話し合った結果、令和5年度の年度目標は、次のように決まった。子どもにもわかる言葉で表した、みんなの思いである。

「夢中になってやってみよう！自分たちでDO！〜失敗しても大丈夫だよ〜」

4 栄小学校で始動！ ルービックキューブ型改革

この最上位目標は、年度が変わって度々口にすることになり、そのうち、「自分たちでDO！」は、栄小学校の流行語になった。スポーツフェスティバルの選手宣誓や、修学旅行の出発式での子どもの挨拶にも、この言葉が入っていた。

令和5年度は、最上位目標の実現を、ルービック型改革として、学校教育全体を通して目指す。その第一弾として行った「スポーツフェスティバル」では、子どもたちが種目やルールを考え、子どもたちが参画する行事へ転換した。全学年単学級であることもあり、2学年合同で連携・協力しながら、子どもたちが企画し、ルールを話し合いながら進めた（次ページのプログラム参照）。

教職員はできる限り、子どもたちのサポートに回った。当日の司会・運営、参観に来た保護者への解説も、子どもたちで分担して行った。全体で必要な仕事は、高学年の廊下に、求人募集の張り紙が貼られ、エントリー制で行われた。

矢田小学校とはまた違ったアプローチで、体育主任を中心に栄小学校の教職員が、子どもたちに伴走しながら、試行錯誤してつくり上げていった。

実施後の子どもの感想には、「周りを見て、自分から行動できた。1年生を思いやり、自分から『DO!』できた」（6年生）や「最後までやり抜く力が身についた」（3年生）といった声があった。

保護者からは、「自分が出る競技はもちろんですが、自分が設営に関わる競技を『見てほしい』と言ってきたときに、自分たちでつくっているということをとても誇りに思っているんだなと感じました」「ルール決めのときに、自分の意見が採用されたとうれしそう

～ プログラム ～

開始予定時刻		
8:40	開会式	1. 開会のことば 2. チア・スポーツフェスティバルフラッグ披露 3. 校長あいさつ 4. 来賓紹介 5. 児童代表誓いの言葉
8:55	1・6年 交流運動	「たましいこめて楽しく運べ！ボール運びリレー」 板の上に乗せたボールを協力して運ぶリレー
9:15	1・2年 レクスポ①	「チクタク、チクタクおじゃま玉入れ」 みんなの玉入れを「おじゃまマン」がじゃまする楽しい玉入れ
9:30	1・2年 レクスポ②	「たのしくはこぶ　おおだまりれえ」 大玉を運んだり、転がしたりするリレー
9:50	2・4年 交流運動	「サイコロリレー」 サイコロの出た目で、協力することがかわる、なかよしリレー
10:10	3・4年 レクスポ①	「三色おにごっこ」 3チームに分かれて行う、おにごっこ
10:25	3・4年 レクスポ②	「ABCつな引き」 3チームに分かれて行う、つな引き
10:45	3・5年 交流運動	「ファイヤー円形ドッジ～燃えよ魂、熱い戦い～」 コートの形は円、3年生だけの特別なボールがあるドッジボール
11:05	5・6年 レクスポ①	「大玉、人生山あり谷あり」 様々な難関を乗り越える大玉リレー
11:20	5・6年 レクスポ②	「栄小・天下分け目の初夏の陣」 4チームに分かれて、相手の陣地からタグを取り合う
11:50	閉会式	1. チア披露 2. 校長あいさつ 3. 代表児童のことば 4. 開会のことば

スポーツフェスティバルも自分たちでDo！

※ これまでの種目とは違い、内容やルールを<u>すべて子どもたち</u>で考えました！大きく分けると、「交流運動」「レクリエーションスポーツ」に分かれます。

交流運動

年の離れた学年で、楽しむ運動種目です。2つの学年で話し合いながら、どのような種目にしようかを考えました。

レクスポ

年の近い学年で、楽しむ種目です。どのような種目にすると、夢中に運動できるのかを考え、ルールも工夫しました。

※ 開始予定時刻はあくまでも目安です。当日の進行状況により、予定時刻が変わることもあります。
※ すみれ組・さくら組は、交流学年と一緒に参加します。

【栄小学校スポーツフェスティバルプログラム】

にしていたので、みんなで意見を出してつくり上げていくことができてよかったと思います」といった肯定的な声が多く寄せられた。

教職員とともに、子どもが主体となる学びを目指して、試行錯誤することは楽しい。また、子ども自身、教職員自身も、試行錯誤することを楽しんでほしい。そのためには、子どもが自己選択・自己決定する場を生み出し、子どもも教師も失敗を恐れないことが大切である。失敗も含めて、自由が保障される安心感、互いが認められる居心地のよさが保障された教室、これが子どもにとっても、教職員にとっても不可欠である。

スポーツフェスティバルに続く第二弾として、今は、令和5年度の改革の核となる、総合的な学習の時間・生活科におけるプロジェクト型学習にチャレンジしている。自走する子どもたちの伴走者として、楽しみながらチャレンジしていきたい。

Topic 3

矢田小学校を読み解くエビデンス

名古屋市教育委員会事務局指導室指導主事
（元・名古屋市立矢田小学校教頭）　中村　浩二

令和3年まで、私は矢田小学校の教頭であった。同年5月、全国の小学校6年生を対象に「全国学力・学習状況調査」が実施された。その結果には、過去2年間のプロジェクト型学習を中心とした取組を通して、矢田小学校の子どもたちが大きく影響を受けたと考えられるものが見られた。ここでは、愛知県（公立）や全国（公立）の小学校と比較して、顕著な差が見られた結果について、抽出してお伝えをする。

1　ICT機器の活用について

矢田小学校ではタブレット端末を効果的に活用して、子ども主体の「個別最適な学び」を実現させようと、実践を積み重ねてきた。

まず、タブレット端末を、筆箱やノートのように文房具として扱うことができるように、学校生活の様々な場面で活用することにした。その結果、質問①から③においては、

145～146ページのような傾向が、子どもたちの意識に見られるようになった。矢田小学校ではタブレット端末の授業場面での活用が十分に図られており、多くの子どもたちにとって「タブレット端末は役に立つもの」という意識が定着していることがわかる。

2 プロジェクト型学習の効果について①

矢田小学校では、子ども主体の「個別最適な学び」の実現を目指し、特に生活科及び総合的な学習の時間において、ＰＢＬ（Project Based Learning）の考えを生かしたプロジェクト型学習の過程を重視して、「探究的な学び」を進めている。具体的には、「ふれる」→「問いとゴールの設定」→「企画書作成」→「探究活動」→「振り返り」→「発表」の流れで進めるが、学年の発達段階に合わせて、そのサイクルを短くしたり、繰り返したりしている。その結果、質問④では、他校と比較して、子どもたちの意識に大きな違いが生まれたと考えられる（146ページ下図参照）。

また、「探究的な学び」を進める際には、子どもの主体性が育つように、教師はファシリテーターとして、子どもの学びに伴走することを心掛けている。具体的には、思いや考えを尊重し、子ども自身が「自分で考え、選択し、判断し、決定すること」ができるよう

質問①：５年生までに受けた授業で、コンピュータなどのICT機器をどの程度使用しましたか。				
選択肢	1	2	3	4
矢田小	**68.4**	**22.4**	**5.3**	**2.6**
愛知県（公立）	11.7	26.7	34.2	27.1
全　国（公立）	11.2	28.9	34.9	24.8

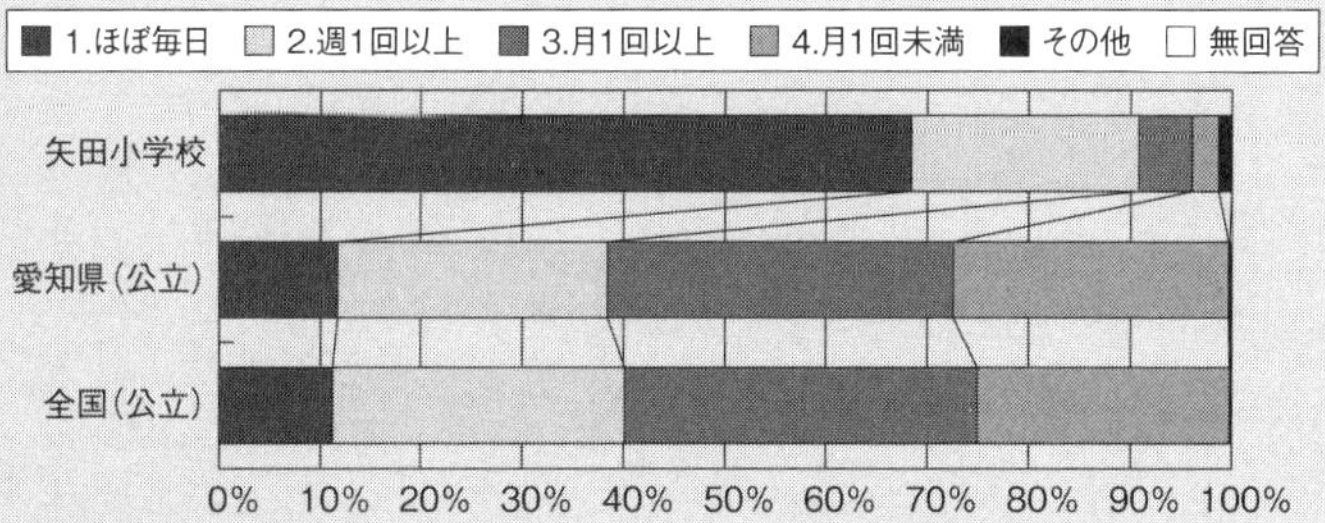

質問②：あなたは学校で、コンピュータなどのICT機器を、他の友達と意見を交換したり、調べたりするために、どの程度使用していますか。				
選択肢	1	2	3	4
矢田小	**68.4**	**26.3**	**2.6**	**2.6**
愛知県（公立）	8.7	26.8	28.9	35.4
全　国（公立）	10.0	29.0	29.1	31.7

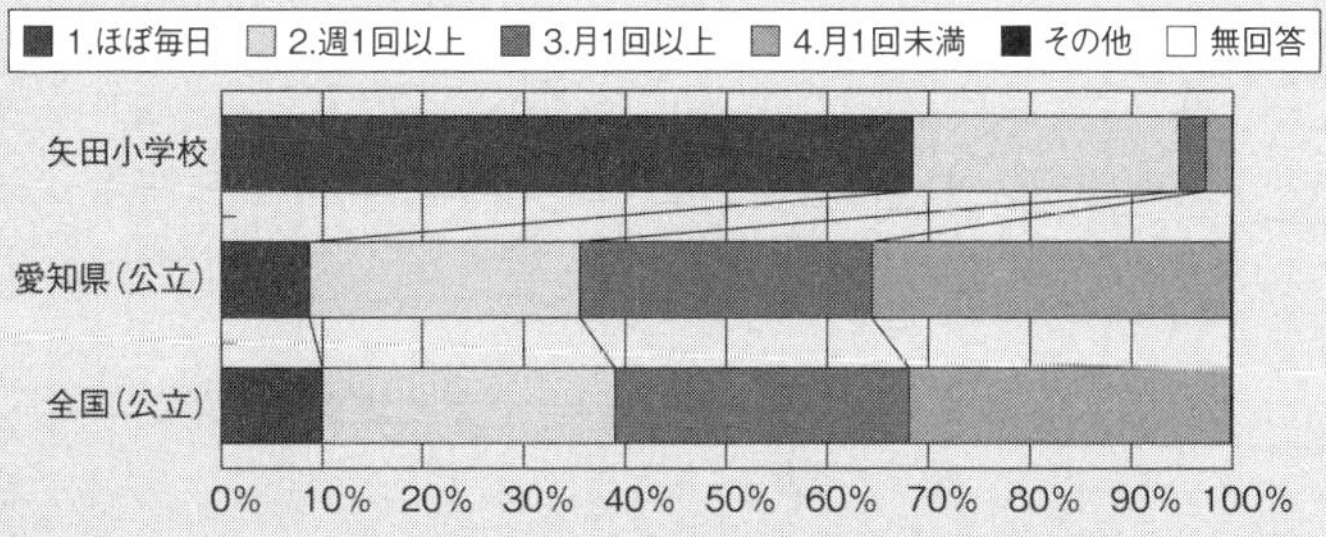

質問③：学習の中でコンピュータなどのICT機器を使うのは勉強の役に立つと思いますか。				
選択肢	1	2	3	4
矢田小	**85.5**	**9.2**	**2.6**	**2.6**
愛知県（公立）	63.5	30.6	3.9	1.8
全　国（公立）	66.1	28.4	3.5	1.7

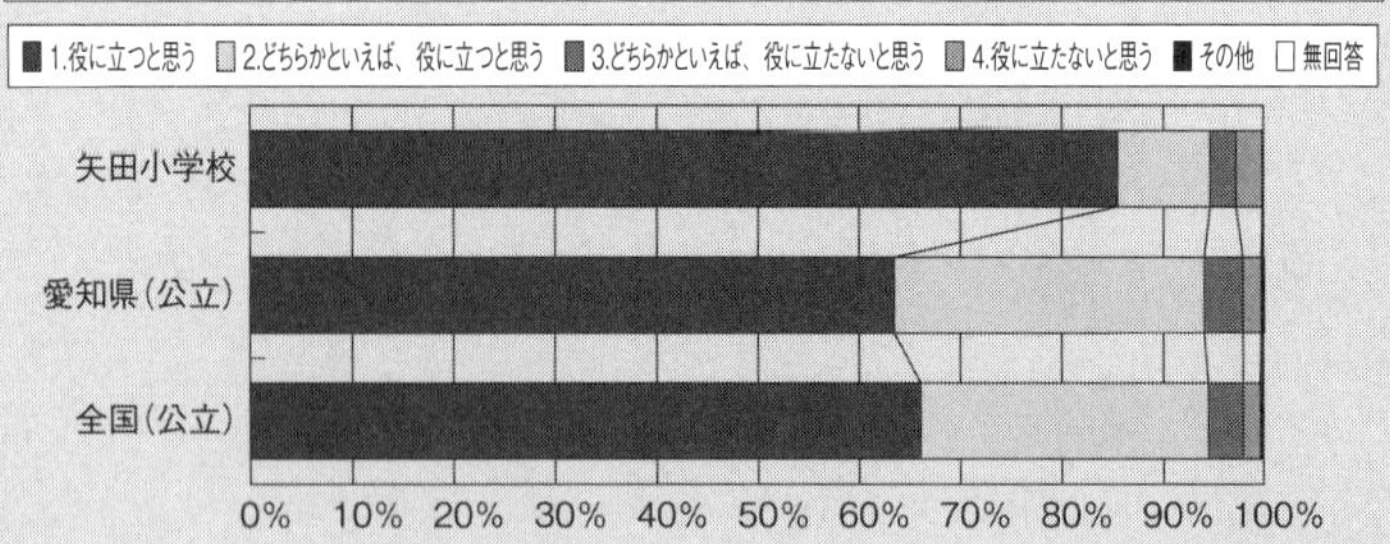

1.役に立つと思う
2.どちらかといえば、役に立つと思う
3.どちらかといえば、役に立たないと思う
4.役に立たないと思う
その他
無回答
矢田小学校
愛知県（公立）
全国（公立）
0%
10%
20%
30%
40%
50%
60%
70%
80%
90%
100%

質問④：総合的な学習の時間では、自分で課題を立てて情報を集め整理して、調べたことを発表するなどの学習活動に取り組んでいますか。				
選択肢	1	2	3	4
矢田小	**55.3**	**27.6**	**13.2**	**3.9**
愛知県（公立）	28.5	41.6	23.9	6.0
全　国（公立）	31.7	41.3	21.5	5.3

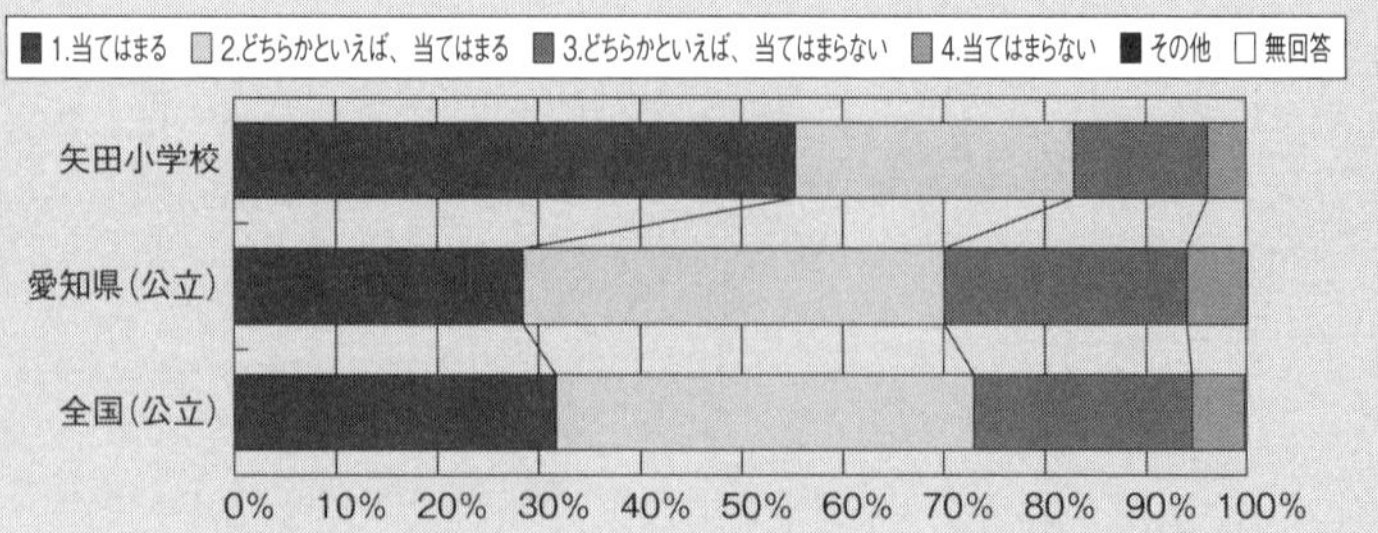

1.当てはまる
2.どちらかといえば、当てはまる
3.どちらかといえば、当てはまらない
4.当てはまらない
その他
無回答
矢田小学校
愛知県（公立）
全国（公立）
0%
10%
20%
30%
40%
50%
60%
70%
80%
90%
100%

に支援している。その結果、質問⑤においては、子どもたちに「難しいことでも、失敗を恐れないで挑戦する」という意識が高まった（148ページ上図参照）。

さらに、生活科や総合的な学習の時間に限らず、他教科の学習や学校行事、日常の生活など様々な場面においても、子どもの主体性を尊重しながら、活動を進めている。そのため、生活科や総合的な学習の時間以外の時間においても、子どもの主体性が育っていることが、質問⑥の回答からわかる（148ページ下図参照）。

3／プロジェクト型学習の効果について②

矢田小学校では、学びの「個別化」「協同化」「プロジェクト化」の三つの視点を大切にしている。

「協同化」については、子ども同士で対話をしたり、タブレット端末を使って情報を共有したりする活動を積極的に取り入れている。子ども同士のゆるやかなつながりの中で、「協力すること」や「学び合うこと」の大切さ、「自分たちで解決した」という充実感や満足感を実感してほしいと考えているからである。学びの「協同化」を進めることにより、次のような実態が明らかになってきた。

質問⑤：難しいことでも、失敗を恐れないで挑戦していますか。				
選択肢	1	2	3	4
矢田小	**32.9**	**44.7**	**15.8**	**6.6**
愛知県（公立）	23.8	45.7	24.9	5.5
全　国（公立）	24.4	46.5	24.0	5.1

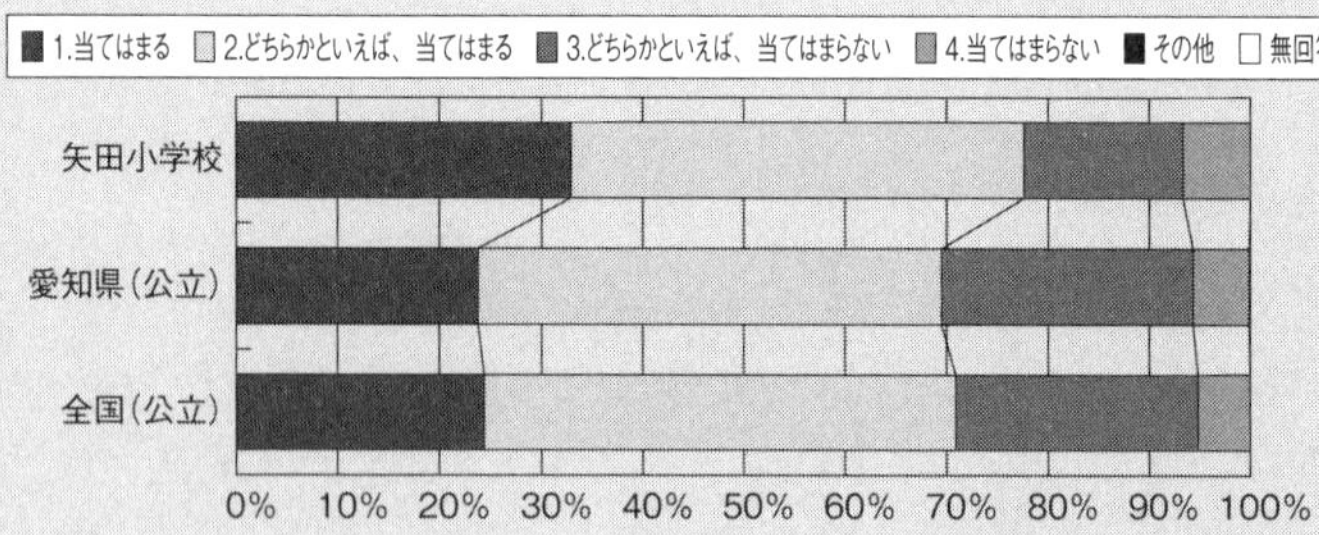

1.当てはまる
2.どちらかといえば、当てはまる
3.どちらかといえば、当てはまらない
4.当てはまらない
その他
無回答
矢田小学校
愛知県（公立）
全国（公立）
0%
10%
20%
30%
40%
50%
60%
70%
80%
90%
100%

質問⑥：５年生までに受けた授業では、課題の解決に向けて、自分で考え、自分から取り組んでいましたか。				
選択肢	1	2	3	4
矢田小	**42.1**	**43.4**	**13.2**	**1.3**
愛知県（公立）	29.6	47.6	19.3	3.5
全　国（公立）	30.3	47.9	18.4	3.3

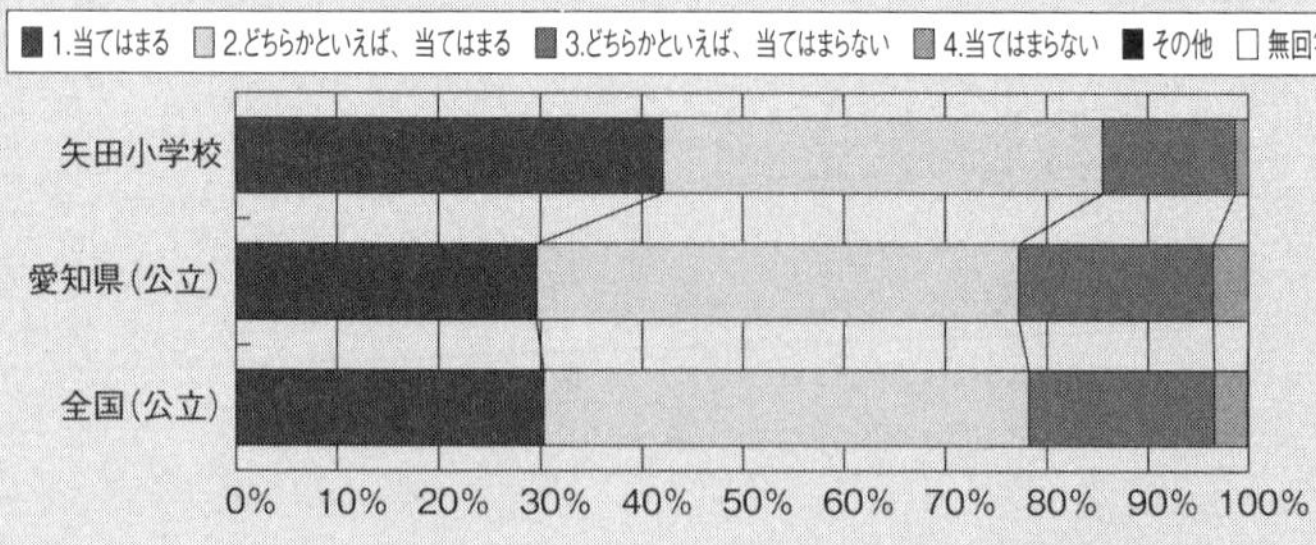

1.当てはまる
2.どちらかといえば、当てはまる
3.どちらかといえば、当てはまらない
4.当てはまらない
その他
無回答
矢田小学校
愛知県（公立）
全国（公立）
0%
10%
20%
30%
40%
50%
60%
70%
80%
90%
100%

質問⑦：５年生までに受けた授業で、学級の友達との間で話し合う活動では、話し合う内容を理解して、相手の考えを最後まで聞き、友達の考え（自分と同じところや違うところ）を受け止めて自分の考えをしっかり伝えていましたか。				
選択肢	1	2	3	4
矢田小	**57.9**	**31.6**	**10.5**	**0.0**
愛知県（公立）	34.4	48.1	14.6	2.8
全　国（公立）	33.8	48.8	14.6	2.7

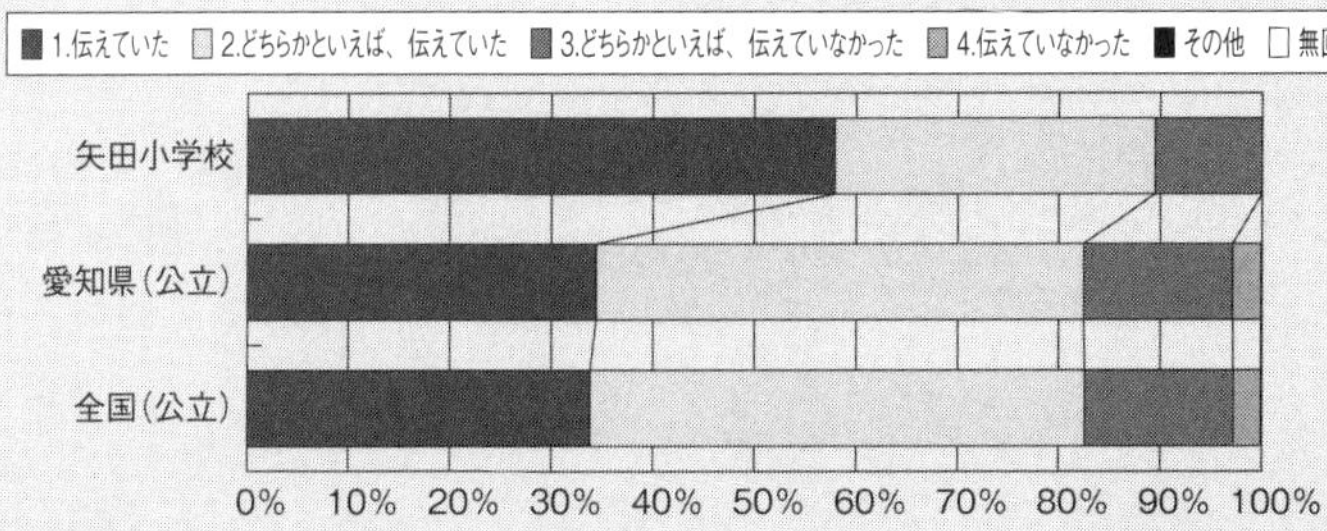
1.伝えていた
2.どちらかといえば、伝えていた
3.どちらかといえば、伝えていなかった
4.伝えていなかった
その他
無回答
矢田小学校
愛知県（公立）
全国（公立）
0%
10%
20%
30%
40%
50%
60%
70%
80%
90%
100%

質問⑦（149ページ図参照）は、友達と話し合う活動についての問いとなっているが、学びの「協同化」により、子どもたちは、協同することにより、自分の考えがより深まったり、新たな考えに更新されたりすることにつながることを実感するようになった。すると、協同することに意義を感じるようになり、質問⑧（150ページ上図参照）の回答の通り、子どもたちは友達と協力しながら活動することに楽しみを見出すようになった。

さらに、様々な場面で、協力しながら課題を解決する活動を繰り返してきた子どもたちは、「知恵を出し合うことで難しい課題も解決でき

質問⑧：友達と協力するのは楽しいと思いますか。				
選択肢	1	2	3	4
矢田小	**80.3**	**13.2**	**5.3**	**1.3**
愛知県（公立）	72.0	21.9	4.7	1.4
全　国（公立）	72.0	21.9	4.5	1.5

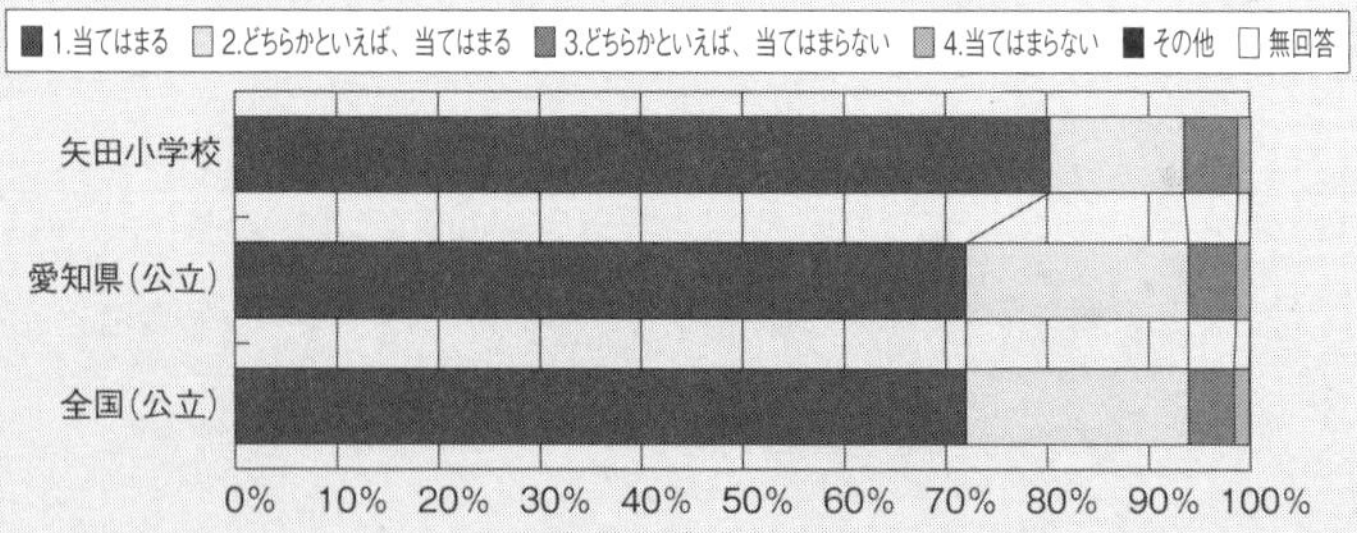

質問⑨：人が困っているときは、進んで助けていますか。				
選択肢	1	2	3	4
矢田小	**63.2**	**28.9**	**6.6**	**1.3**
愛知県（公立）	45.5	44.4	8.8	1.3
全　国（公立）	43.6	45.1	9.8	1.6

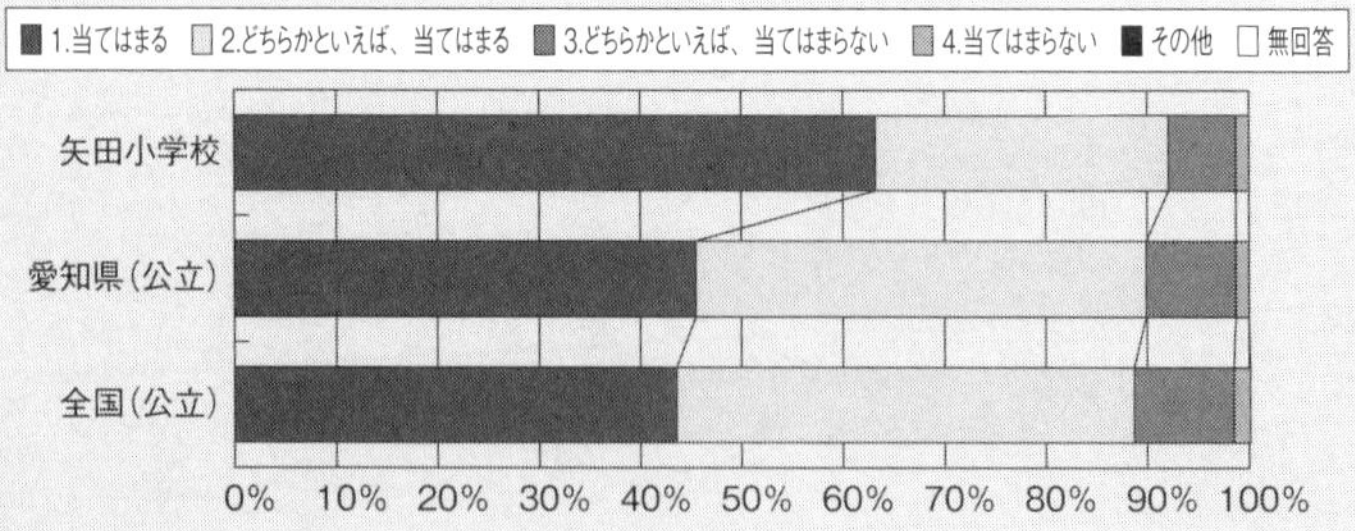

る」「一人ではできないことも協力することで大きな力を生み出すことができる」と「協同のよさ」を体感的に理解していった。学びの「協同化」によって、他者への関わり方について考え、行動することができるようになったことが、質問⑨（150ページ下図参照）に見られるような回答につながったと考えられる。

Section

4

自分のペースで学ぶ！マイ時間割による学習

マッチングプロジェクト校の一つ、山吹小学校の取組は、イエナプラン教育との出会いから始まった。イエナプランの「いいとこ取り」をしながら生まれた「山吹セレクトタイム」、異年齢で学ぶ「ふれあい学習」「山吹アドベンチャープログラム」とは。

山吹セレクトタイム誕生

〜イエナプランのいいとこ取り〜

校長の立場

名古屋市立山吹小学校長　山内　敏之

1　苫野先生の講演からイエナプラン教育と出会う

本校は、昨年、創立150周年を迎えた。学級数は23。児童数は660人。都心にある学校としては、やや大きな規模の学校である。

私自身は、山吹小学校に赴任して10年目を迎えている。「長っ!」と思われるかもしれないが、5年前に定年退職し、再任用として、再度、同じ学校に赴任し、5年目を迎えている。同じ学校に長く勤務することで、教職員はもちろん、保護者、地域との関係を深めることができ、このプロジェクトの推進に少なからず寄与できたのではないかと考えている。

何か、新たなことを始めようとするとき、何かを変えようとするときには、当然、大きな負担もある。学校だけじゃないと思うが、組織というものは、なかなか変化を好まない。これらのことを乗り越えるためには、教職員が一つにならなければならないし、保護者の理解が必要である。学校が他の組織と比較して、変化が可能だと思うのは、「子どもたちの変容」があるからだと思う。

子どもたちの変容は、教職員のモチベーションを高め、心を一つにして取り組むことを可能にする。また、子どもが変われば、保護者の理解は深まる。

本校は、日本イエナプラン教育協会のアドバイスを得ながらプロジェクトを推進している。協会が示すコンセプト「一人一人を尊重し、自律と共生を目指す」ことが大切だと考えているからである。ただ、私自身、イエナプラン教育を知った歴史は浅い。本校の取組とイエナプラン教育との出会いについて少し語りたい。

最初は、小学校にありがちな1年生と6年生が一緒に活動する縦割りグループの活動について、疑問をもったことからスタートしている。確かに、優しさとか、思いやりは育つものの、お世話する・お世話される関係で、もう少し、発展性のある活動はできないものかと考えていたからだ。

そんなとき、熊本大学の苫野一徳氏の話を聞く機会を得た。平成30年12月のことである。

「自由の相互承認」「150年続く日本の教育システムの課題」など、これからの教育の方向性を様々示唆いただく中で、イエナプラン教育について学ぶこともできた。1～3年生、4～6年生で学級が構成され、教科の授業をはじめ、多くの活動がその単位で行われている。

子どもたちがこれから生きていく共生社会。年齢差、性差、国籍の違い、時には障害のあるなしにかかわらず、協働して一つの課題を解決していく力が必要である。

イエナプラン教育を参考に、まず、取り組んでみようと思ったのは、異学年グループの活動だ。本校では「ふれあいグループ」と呼んでいるが、1～3年生、4～6年生で、それぞれグループを構成して活動する「ふれあい活動」としてスタートした。

年齢が近いので、話し合いが成り立ち、また、6年間で、3年生と6年生でのリーダーの立場など、同じ立場を2度経験することができる。このことが、自分の役割を理解し、課題解決、探究的な学びを進めることに結び付いているし、想像していた通り、3年生は、遠足などの行事で1・2年生をリードし、くたくたになってしまうほど頑張り、大きく成長していることを実感している。

2 イエナプラン教育との出会い

令和2年2月、「おもしろい授業をやっている先生がいる」という情報を得て、その学校を訪れた。岩本歩教諭のイエナプラン教育の「ブロックアワー」を取り入れた授業であった。子どもの前では言えないが、私は、勉強が嫌いで、勉強はやらされてやるものであり、ただ、自分の将来のためにはやらなければならないものであった。

しかし、岩本教諭の教室にいる子どもたちは、自ら進んで学習に取り組んでいる。「やらされてる感」はまるでない。

私だって、中学校の数学の教員として、子どもたちの主体的に学習に取り組む姿を求めて努力をしてきたつもりである。習熟度の違いにどう対応するかは一番の悩みどころで、自作の学習プリントを活用し、そこに「自己評価」欄を設け、◎、○、△で記入させ、「◎」の生徒は、学習プリントにある「発展問題」へ、「△」の生徒は、同じく「基礎問題」に取り組むというスタイルで授業を進めた。

その他にも「シグナルブロック」なる直方体の積み木を机上において、課題が解けた生徒は青を上にして立て、質問のある生徒は赤を上にして立てるなど、一人ひとりの学習状況を把握しやすくしたり、生徒が質問しやすい状況をつくり出したりした。活用以前よりは、生徒が前向きに授業に取り組むようになったり、一人ひとりを把握しやすくなったりしたことに一定満足している自分がいた。

話を戻すが、岩本教諭の教室では、授業が始まると、一人ひとりが好きなことを好きな場所で好きなようにやっているように見えた。「好きなように」とは、とても失礼な言い方であるが、この日はそんなふうに見えた。それほど、「やらされてる感」とは無縁な、自分から進んで学習に取り組んでいる姿があった。一人で算数の問題を解いている子、理科の実験を友達と一緒に取り組んでいる子、自分に（自分たちに）適した学ぶ場所を選んで学習している子がいた。子どもたちに声をかけてみると、誰もがやるべきことが明確になっていて、その時間の目標も伝えてくれた。みんな一生懸命で、声をかけることにためらうくらいの雰囲気であった。

何に取り組むか、どのように取り組むかなどを自分で選んで学びを進めることで、前のめりに学習に取り組む子どもたちの姿を見ることができた。これまで、教員として追い求めてきた子どもたちの姿がそこにあった。「いいねえ。イエナプラン教育！」と強く感じた一瞬であった。

教諭の立場

始まりはオランダで見てきた景色
～河村市長が教室にやってきた～

名古屋市教育委員会事務局新しい学校づくり推進室指導主事
（前・名古屋市立山吹小学校教諭）
岩本 歩

私は現在、名古屋市教育委員会に異動となり、新しい学校づくり推進室の指導主事をしている。

話は、2019年の1月11日にさかのぼる。私が当時担任をしていた名古屋市立赤星小学校の6年3組が、中日新聞に紹介されたのだ。

画一的な授業からの脱却を打ち出している名古屋市の河村たかし市長は10日、今夏に自主性や対話を重んじるオランダの先進教育「イエナプラン」の研修に参加した、中川区赤星小学校の岩本歩教諭の授業を視察した。岩本教諭は他の教員7人らと現地でイエナプランについての講義を受け、実践している学校を訪れた。自らの授業には、児童が自らいつ何を学ぶか決めるなどの要素を取り入れる。児童は黒板に貼られた各教科の到達目標を確認しながら、自分の学習する教科を決定。輪になったり、向かい合ったりしながら数学や理科の勉強を始め、別室では教室内で使うベンチの作成などに取り組む子どもたちがいた。河村市長は「楽しそうに授業ができていた。今の制度の中でもできるということ。先生の中からこういうことをやろうという雰囲気が出てきたのは良いことだ」と話した。

この記事がすべての始まりだった。

1 イエナプラン教育とは何か

ここからは、私がオランダで見てきた幸せな教育の景色について紹介する。私がオランダで見てきた景色、それは「イエナプラン教育」であった。そして、幸せな子ども時代があふれている教室、学校であった。名古屋市教育委員会の事業で、2019年8月に私はオランダのイエナプラン教育を学びに現地へ視察に行くことが決まった。現地ではたくさんのことを学んだ。

子どもの幸福度世界一！

1位　オランダ
2位　デンマーク
3位　ノルウェー
4位　スイス
5位　フィンランド
20位　日本

日本ユニセフ協会調べ【2020年】

【オランダの幸福度】

オランダとは

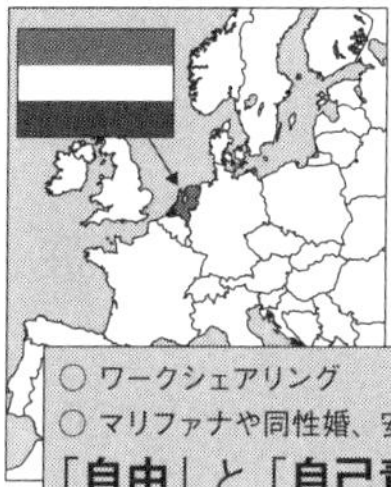

・**九州**とほぼ同じ大きさ
・人口約**1700**万人
・**ポルダー**
（干拓してできた土地）

○ ワークシェアリング
○ マリファナや同性婚、安楽死の合法化など
「自由」と「自己責任」の国

【オランダの概要】

オランダはヨーロッパ州に属し、大きさはおよそ九州地方とほぼ同じ大きさ、そして、人口約1700万人の国。

現地のガイドの「世界は神がつくったが、オランダはオランダ人がつくった」という言葉がとても印象に残っている。この言葉は、オランダの国土の成り立ちを端的に表している言葉だったからだ。オランダでは、古くから北海と低湿地を仕切る堤防をつくり、さらに風車を利用して、低湿地や湖の水を排水する干拓を行い、国土の4分の1以上を標高0メートル以下となる国にしたという歴史がある。また、同性婚や安楽死の合法化が世界で初めて認められるなど、「自由」と「自己責任」の国であった。

さらに、ユニセフの調査によれば、オランダの子どもの幸福度は、先進国38か国の中で最も高いことがわかった。

イエナプランは、1924年、ドイツにあるイエナ大学の教育学者、ペーター・ペーターゼンが同大学の実験校で始めた教育モデルである。憲法で教育の自由が保障されているオランダで、1960年代に初めてイエナプラン校が設立されて以来、急速に普及してきた教育である。現在オランダ全体の3％に当たる、200校近くが、イエナプランを取り入れている。

ペーターゼンが研究していた大学実験校時代の教室は、男女共学であり、一人またはグループで、好きな場所での活動であった。約100年前にこのような教育スタイルは、極めて革新的である。

また、「20の原則」と呼ばれる理想とされる人間像、社会像、学校像がまとめられ、それらを受け、次の四つの基本活動をベースに学校教育活動が行われていた。

①対話
②仕事
③催し
④遊び

現地で視察をして一番驚いたのは、仕事の中の「ブロックアワー」という時間だった。

2 実際に見てきて衝撃を受けたブロックアワー

現地では、イエナプラン教育を日本に普及している第一人者のリヒテルズ直子氏にイエナプラン教育の理念や哲学について多くのことを学んだ。現地の学校を視察すると、「ブロックアワー」と言う授業の時間では、子ども一人ひとりが自分の決めた時間割をもとに、学習を進めていた。イエナプラン教育の「仕事」は、学習の時間を意味していて、自分のペースで自立して学習を進めていくのが「ブロックアワー」という時間である。

実際に現地の学校を視察してみると、イヤーマフをして集中して学んでいる子、廊下で学んでいる子、ソファーで学んでいる子など、どこに座るのも自由な様子。友達と学ぶのも、一人で学ぶのも自分で決めている様子。また、算数のドリルをしている子、タブレット端末を活用して調べ学習をしている子、読書をしている子、地図を見ている子など自分で学ぶ内容を決めていた。

図書館のような静けさの中で、落ち着いて学んでいる幸せそうな子どもの姿に私は心から感銘を受けた。授業を見たメモに、「僕もオランダの子どもたちのような幸せな時代を日本の学校でもつくりたい」と書き残していた。一番に心に残っていることは、一人の先生が私を呼んで今の授業の様子について説明をしてくれたことである。

「あなたは英語が話せる?」と聞かれたので、「そんなに話すことはできないです」と私はおそるおそる答えた。すると、その先生はイラストで「キャンプをする子ども、森、たき火」を書いてくれた。そして、「もうすぐ子どもたちとキャンプに行くから、一人ひとりがキャンプに行くためにやりたいこと、疑問に思っていることをそれぞれが課題をもって計画したり、調べたりしているのよ」と教えてくれた。

最後には「こうやって、あなたにイラストを書いて教えたように、一人ひとりの子どもに合わせて学びをつくっていくのがブロックアワーの時間です。あなたならきっとできる! ぜひチャレンジしてみてね」と笑顔で話してもらった。

この先生の言葉から、日本に帰国して「ブロックアワー」の実践を深めていく決意をして、現場に戻ることになった。

3 試行錯誤を続けたブロックアワー

実際にやってみようと思うと、たくさんのことをやらなければいけない日々。名古屋市で誰かがこの取組をしているわけではない。当時担任をしていた6年生の子どもが自立して学ぶために、国語、社会、算数、理科の単元ごとに必要なカリキュラムづくりを私一人

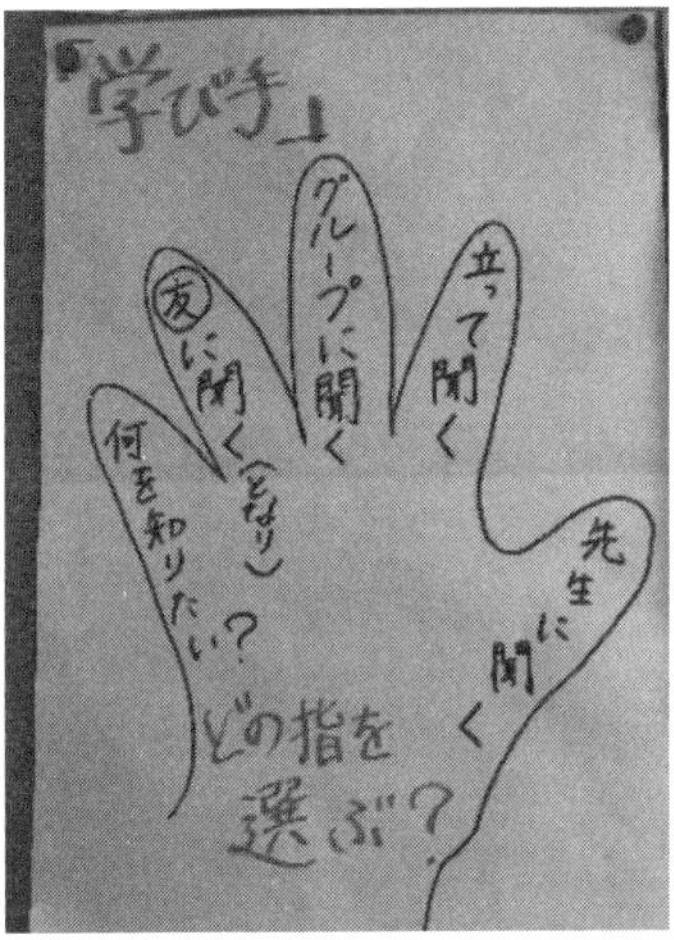

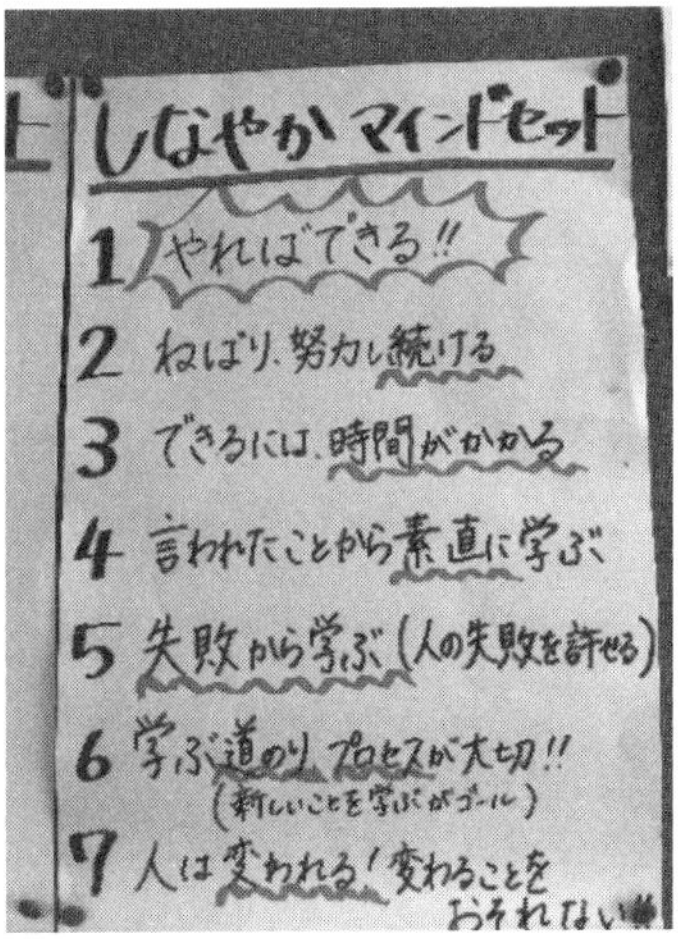

【当時作成した学級掲示】

で進めていった。

また、1週間の計画づくりをするために必要な計画表づくりや、子どもが学びを進めていく上で必要な「心の在り方」、学習環境づくりも同時並行で進めていった。

今だから話すが、かなり暗中模索の日々が続いた…。

実践を進めていくと、支えてくれたのは名古屋市立赤星小学校の6年3組の子どもたちだった。「このカリキュラムは勉強しやすいかな？」「どこを一人で学ぶスペースにしようか？」「集中するために必要な心の在り方って何だろう？」など、いつも私は子どもたちに聞いて一緒に学習内容の調整をした。

子どもたちからは、「わからないとこ

ろを過ぎ去っていったのが、立ち戻ることができる」「友達や先生に勉強が聞けるので、勉強したい気持ちが強くなる」などの喜びの声が上がった。この声が私に大きな力を与えてくれた。そして、前ページの写真のような学ぶ心構えや学び方の掲示が完成した（キャロル・S・ドゥエック『マインドセット──「やればできる！」の研究』（草思社）をもとに作成）。

4 中日新聞記者・福澤氏との出会いと対話の積み重ね

そんな模索をしているときに、6年3組の教室に何度も訪れてくれたのが、当時、中日新聞記者の福澤英里氏である（現在編集長）。自然体ですぐにクラスに溶け込んだ。「この学級のブロックアワーの取組は素敵ですね」「あの子は、歴史の勉強を自分でさらに問いをつくって頑張っていましたよ」「あの子は、わからないところを友達と一緒に何度もやり直していましたよ」といった温かいフィードバックを日々もらった。

福澤さんと話をしながら、一人ひとりの子どもが何をワクワクして学んでいるのか、何に困りごとがあるのかを常に私は考えるようになった。当時の学級の様子について、以下のように記事として紹介してもらった。福澤さんとはメールのやりとりや、対話を積み重ねたので、当時の学級の様子がわかりやすく記事にまとめられていた。

「みんな一緒に、同じことを」という画一的な授業を見直す動きが進んでいる。「自分のコントローラーを持とう」を合い言葉に、児童が自分で課題を考え、計画を立てて学んでいく授業を実践する名古屋市の公立小学校を訪れた。名古屋市赤星小六年三組の教室。時間割の「B」の時間になると、子どもたちは机や教壇を並べたスペース、畳敷きの読書コーナーなど思い思いの場所に陣取る。ミシンを使う子、物語の続きを考える子、比例と反比例の問題を解く子などが交ざり合う。「B」は、各自が決めた課題に取り組むブロックアワー。国語や算数、社会、理科、学活、総合的な学習の時間が該当する。

児童は各科目の単元目標と学習内容を見ながら自分で計画を立て、それぞれのペースで好きな順に学んでいく。最初は混乱もあったが「みんな違うから、人と比べなくていい」と自然に取り組めるようになった。担任の岩本歩教諭は、一人一人に目配りしながら、単元のポイントを解説。各自の進度を把握し、サポートに徹する。自身が中耳炎を患い、聞き取りが苦手で、先生の話より、自分で調べた方が学びやすいと気付いたことが原点にある。

個に応じた学びを深める方法を模索していた時に出合ったのが、オランダで普及する先進教育「イエナプラン」。ブロックアワーもその手法から取り入れた。もう一つの柱は「探究係活動」。子どもたちが数学者や読書家、建築家などになりきって進める調べ学習だ。「スポーツライター」の出井拓海さんは、新聞からサッカー・Jリーグの成績を書き写した。習っていない漢字でも、書き取りには自信がある。穴井柚凪さんは「外国語学者」だが、「うそをつかないのが好き」と新選組に夢中。歴史などの本を読みあさり、近藤勇へのインタビューの形でノートにまとめた。今は「歴史学者」でもある。「六年三組であれこれ勉強するのは何のため？」岩本教諭の問いかけに対し、子どもたちがノートにつづった。「自分で計画する」「疑問を作っては解く」――。

どれも、これからの社会で必要とされる力だ。全員が教科書の同じページを開き、教壇から先生が教える学校の風景とはずいぶん違う。

（2020年1月16日付 中日新聞）

この記事が掲載されるまでも、名古屋市教育委員会の方々、副市長、市長と連続の学級への視察が続いた。掲載後は、名古屋市の多くの学校の先生方、他都市の先生方、市議会議員の方々など多数の視察が続いていくことになった。この視察を通して、今後どうなるのだろうと思いながら日々を過ごしていた。私はこの年で赴任している赤星小学校を異動する予定だったので、「最後の1年に思い切ったことがチャレンジできてよかった」という思いと一抹のさみしさを感じていた。

イエナプランの風、山吹小学校へ

校長の立場

私が岩本教諭の授業視察を終えて、何と、それから2か月も経たないうちに、年度末人事異動で、岩本歩教諭が本校に転勤してきた。私の夢は大きく膨らんだ。本校に事務手続きに来た岩本教諭と次のような会話をした。

「校長先生、以前、見ていただいたあの授業を自分のクラスでやっていいですか？」

「だめだ！」「えっ」

「あの授業を全クラスで行いたい。あなたは5年生3学級の学年主任にするから、まずは、他の2学級の先生とともに、あの授業を進めてほしい」「は、はい。わかりました」

学校というところは、どこかのクラスだけ突出した取組をすることを嫌う。岩本教諭は、それを心配し、私に許可を取ろうとしたのだろうが、それ以上の回答に、ちょっと驚いたようであった。

岩本教諭は期待に応えてくれた。同学年を組んだ3年目と4年目の若手教諭にレクチャーしながら、確実に実践を進めていった（詳細は後述）。

山吹セレクトタイムの誕生

山内校長からチャレンジするよう依頼があった段階で、次のような話し合いをした。「この学びの時間を何と呼べばいいのだろう」と応接室で何度か話し合う時間があったのだ。「子どもが時間割をつくって、何を誰と学ぶのか、どこで学ぶのかを選択できる時間ですよね。そして、その学びに責任をもって、自立して学んでいく時間。となると、チョイスタイム、選択タイムなどありますね」と私は話をした。山内校長は黙っている。こういうときは、この名前がしっくりときていない証だ。

スマートフォンで検索しながら、「英語では『セレクト』という言葉がありますね。『セレクトタイム』と名づけてみてはどうでしょう?」と伝えた。山内校長は、「よし!山吹セレクトタイムでどうだ?」と目を輝かせた。さらに、「イニシャルをとってワイ・エス・ティーと言ってもいいね」とにこにこしながら話した。「山吹セレクトタイム、ワイ・エス・ティー」の誕生である。

教諭の立場

令和の日本型学校教育と山吹セレクトタイムについて

校長&教諭の立場

少し堅い話になるが、文部科学省は令和の日本型学校教育として、個別最適な学びと協働的な学びの充実を提言した。個別最適な学びとは「指導の個別化」と「学習の個性化」の観点が成り立っている学びと定義されている。「指導の個別化」とは、教師が支援の必要な子どもにより重点的な指導を行うなどで効果的な指導を実現することや、子ども一人ひとりの特性や学習進度、学習到達度等に応じ、指導方法・教材や学習時間等の柔軟な提供・設定を行うこと。「学習の個性化」とは、教師が子ども一人ひとりに応じた学習活動や学習活動に取り組む機会を提供することで、子ども自身の学習が最適となるよう調整することである（次ページ図は、カタリストFOR　EDUを参考に作成）。

山吹小学校では、「指導の個別化」「学習の個性化」の観点が成り立つ個別最適な学びとして「山吹セレクトタイム」という時間を設けている。教師は、1週間の予定を立てる「週計画」と、各教科の単元進度表のそれぞれを作成している。

また、各教科の単元進度表には、子ども自身が選択して学べる教材、ゴール、探究など

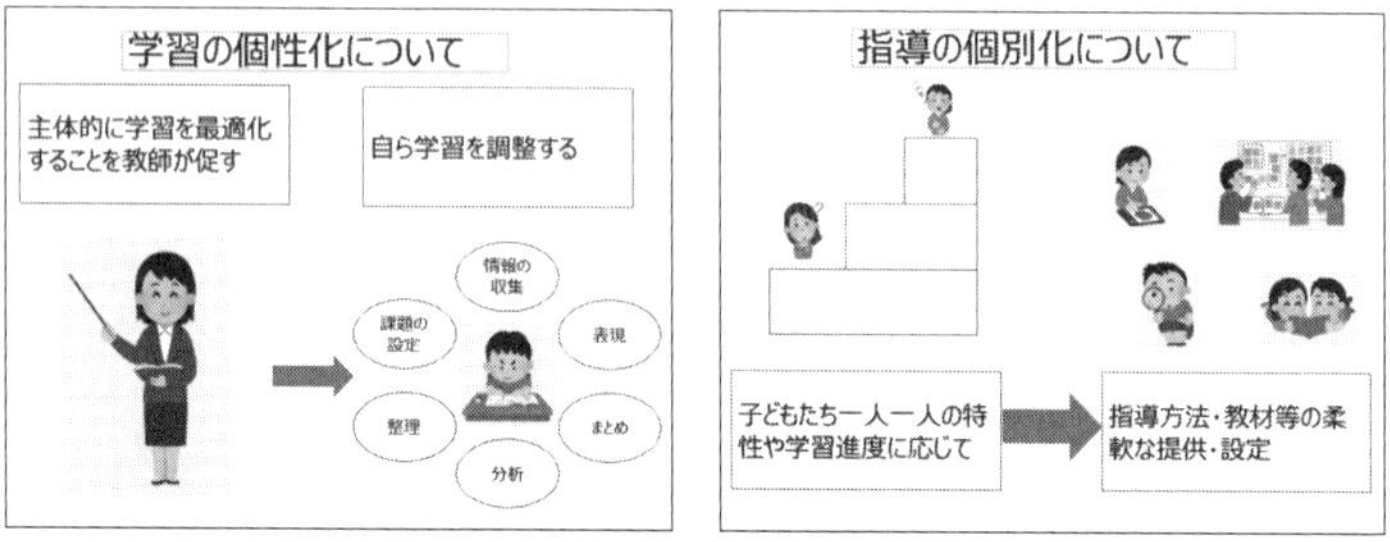

【個別最適な学びとは】

が幅広く設定されている（指導の個別化）。子どもたちは、教師が示した週計画と各教科の単元進度表をもとにして、その週の時間割を計画する。子ども自身は自らの時間割を計画したり、進める進度を自らで設定したりすることができた（学習の個性化）。つまり、山吹セレクトタイムは、まさに令和の日本型学校教育の個別最適な学びにおいて必要とされる観点が盛り込まれている学習方法なのだ。

　また、子どもが先生と学ぶのか、友達と学ぶのかを選択し、協働的に学ぶ時間も自分で選択して挑戦できる。協働的な学びの時間も充実しているのだ。

　そして、実は、1年間で1年生から6年生の国語・社会・算数・理科のすべての単元で、単元進度表を作成した（山吹小学校の先生方の努力の賜物である）。

　現在も進化をし続け、1年経つごとに、学習の手立てが具体的になり、子どもにとっても学びが楽しくなるものばかりである。

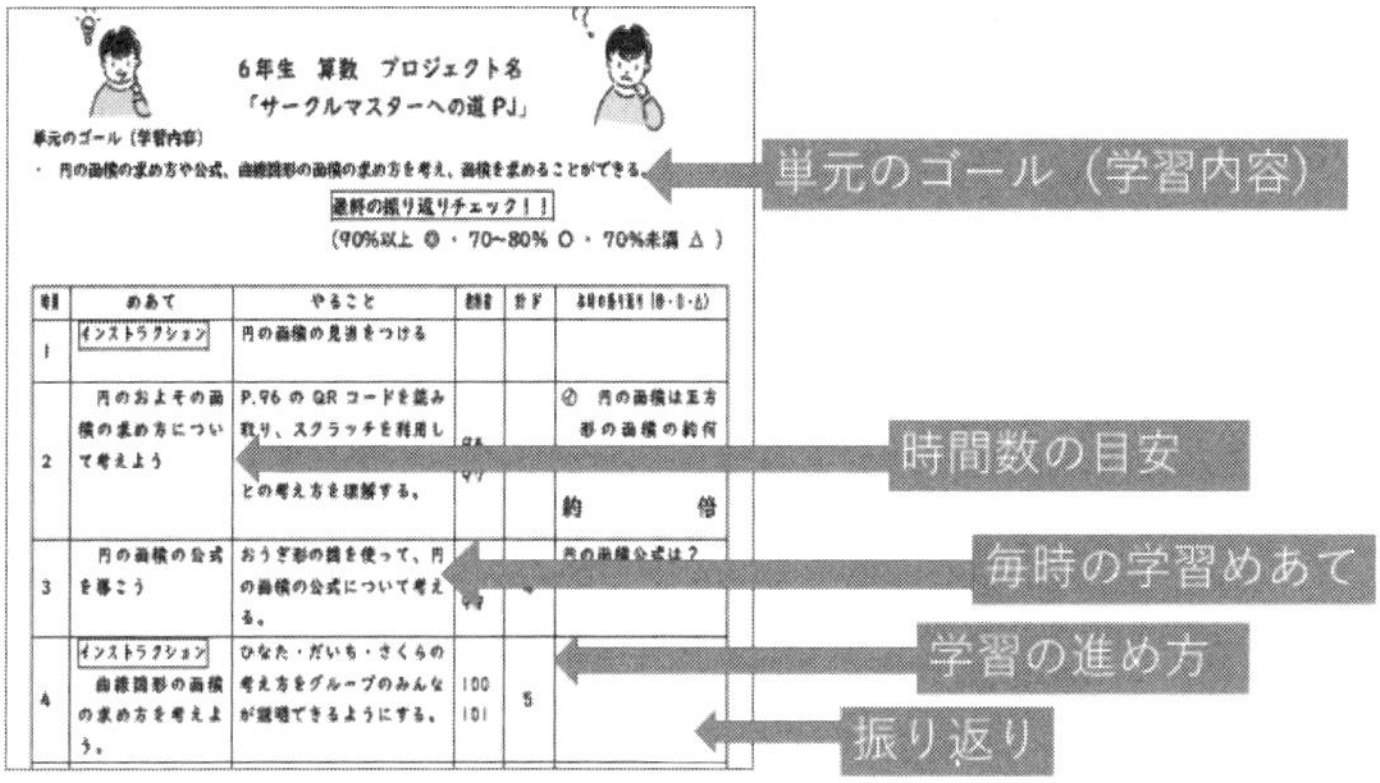

【単元進度表について】

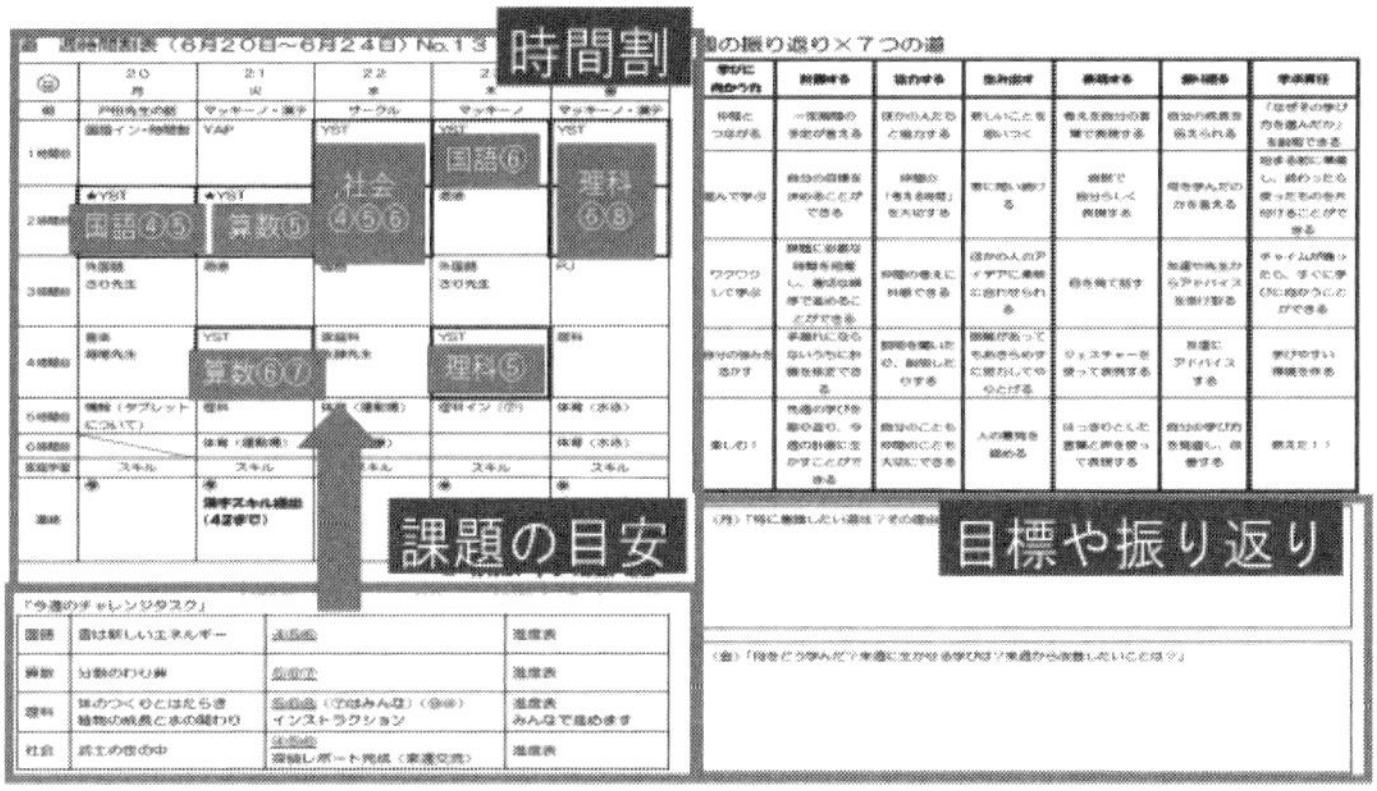

【週計画について】

+α 子どもが輝き出す瞬間

「山吹セレクトタイム」を行うことで、子どもが輝き出す瞬間がたくさんある。授業者の立場から、二つのよさを紹介する。

一つ目は、「主体性の発揮」である。子どもが主体性をもつには、「課題そのものがおもしろいこと」と「自分自身が自己決定・自己選択できること」である。山吹セレクトタイムでは、子どもたちがどんどん自己決定と自己選択を進めていける。チャイムが鳴ったのを忘れて学びに没頭したり、土日に家でもっと調べたりする子どもが増えていったのだ。次のような振り返りをする子どもが現れた。

A児の日記

これまで僕たちは与えられた課題をただこなしていただけだった。山吹セレクトタイムでは、自分で課題の内容、量、もっとチャレンジしたいことを選ぶことができる。毎日、頭が沸騰するくらい勉強するようになった。

そして、自分自身に合った学び方を考えるようになった。また、自分自身に合った学びを選ぶことは、自分を見つめ直すことにつながる。自分を見つめ直すことは、自分を大事にすることにつながる。自分を大事にすることは、周りにいる人を大事にすることにつながる。

このように、山吹セレクトタイムのよさについて日記に書いていたのだ。

これまでのように「先生何するの？　先生これやって？」という子どもが少なくなり、「先生これやりたい！　もっとやりたい！」と積極的な子どもが増えていくようになったのである。

二つ目は、「子ども一人ひとりの成長が見られること」である。

山吹セレクトタイムでは、一人ひとりが学びを進めていく。もちろん、友達や先生に知りたいこと、困っていることを共有して協働的に学びを進めていくこともある。この学びで大きく変わるのは、先生の立ち位置だ。この学びを進めていくと、子ども一人ひとりの学びの状況が可視化される。子どもたちが算数を学習している場合に、四則計算の何につまずいているのかが目に見えてしまう。子どもの困りごとに、先生が向き合う場面がたくさん生まれていく。一人ひとりの子どもに向き合えない自分に出会うと、実は元の一方的な講義型の授業にしたくなる気持ちが生まれてしまうときもあるだろう。一斉に教えてしまえば、わかったふりをさせることができるからだ。だが、そこから逃げてはならない。この学び方なら、5年生であっても、3年生で理解できていなかったことにもう一度立ち戻ることができるよさがある。子どもが見つけた自分オリジナルの問いの発見に一緒になって探究し、自分なりの解決に辿り着いた喜びを一緒になって分かち合うことができるようになる。教師が子どもと向き合い、「一緒にチャレンジしよう。大丈夫」と声をかけながら、子どもの成長を支援できる喜びが生まれるのだ。

この2点のよさを積み重ねた結果、「5年生では、3年生でわからなかったことと向き合える時間が合ってよかったです。今では、5年生の勉強がわかると言えます。自信をもって6年生になれます」と述べるような子どもが輝く瞬間と数多く出会えるようになった。

学校として取り組む

1 学年で挑戦 ～若手と試行錯誤～：教諭としての立場から

校長＆教諭の立場

「山吹セレクトタイム」という名前が決まっているものの、まだコロナ禍で休校が続いていて学校がスタートしたのは5月。私は5年生の学年主任だった。一緒に組んだのは、A先生（3年目）とB先生（4年目）の二人。春先の二人の様子をよく見ると、とても信頼関係がある様子だった。私がいきなり二人に「山吹セレクトタイムやってね」と押しつけるのではなく、「やってみたい」と二人が選択することを大事にしたいと思った。

□ 学級づくり、教材準備はすべて私が作成する。
□ 授業や遊びのモデルをいつでも二人には公開すること。
□ 二人の信頼関係を大事にすること。

若い先生にとって新しいことをする際に、教材をつくること、授業モデルを学ぶことの心理的な負担をできるだけ減らすようにした。

　また、「A先生、今日の授業ではこうやって週計画を立てたよ。この教材の使い方はこうしてね。B先生に、話をしといてね」という連絡の仕方をした。すると、二人は職員室で「岩本先生が、こうやって言ってて…」と対話が始まる。

　翌日二人に会うと、「岩本先生、子どもがゴールにする社会科のレポートのお手本をつくってみました」と誇らしげに話をするA先生（完成度は非常に高い）。

「今日は、紹介していただいた遊びをやってみました。遊びが失敗しても、子ども同士がとても励まし合っていました」とチャレンジした授業の報告をするB先生。

　私は、いつも二人には「僕のレベル必ずこえてくるよね～。悔しいよ。本当にすごい」と伝えていた。こういうやりとりを私は意図して言っているのではなく、本当に心から思っていたことが多かった。それだけ素敵な二人の若い先生たちだった。こういう豊かに学び合う日々を繰り返していた。

　学校が始まって2か月後のこと。「そろそろ私も山吹セレクトタイムをやってみようかな」と話すB先生。「う～ん。やれるかな。う～ん。やっちゃいましょうか」と笑顔で答えたA先生。「よし」と二人。信頼関係のある二人の「セレクトタイム」がスタートしていった。決めたとなると一気に進んでいった。週計画づくり、単元進度表、授業の導入の工夫など、A先生、B先生オリジナルの「セレクトタイム」が行われるようになった。うまくいかないことがあると、二人は互いに相談し合っていた。

気がつくと、3クラスとも「山吹セレクトタイム」が取り組めるようになっていた。二人の信頼関係が、学年での「山吹セレクトタイム」の始まりとなったのだ。

2／プロジェクトへの応募：校長としての立場から

学年での実践が進む中で、私は当時、次のようなことを考えていた。イエナプラン教育との出会いの中で、私の中に学校教育の中で目指すべき形が少しずつはっきりしてきたのだ。子どもたちのこんな姿が見たいと私は強く思うようになった。

○主体的に課題に取り組んでいる姿。
○互いに認め合いながら、自分のよさや個性を生かし協働している姿。

学校生活のあらゆる場面でこのような姿を見るためには、イエナプラン教育のブロックアワーでの生き生きと学ぶ子どもたちの姿は適切だし、これから共生社会を生きる子どもたちが、性差、年齢差、国籍の違い、障害のあるなしなどを気にせず、多様な人たちと力を合わせて課題を解決していくには、イエナプラン教育のワールドオリエンテーションは参考にすべきだと思う（詳細は後述）。

とは言え、イエナプラン校を目指すつもりは最初からなかった。1～3年生、4～6年生で、それぞれ一つの教室を構成して、授業を含めたすべての活動を展開するのは、無理があると考えたからである。私の中では、ずっと、誰か特別な先生だけではなく、一つの学級・学年だけで行われるのでもなく、すべての学級で、すべての教職員が、子どもたちとともに創り上げていける学校でなくては、意味がないという思いがあった。特に、公立の普通の小学校で勤務する校長の役割としては、そうあるべきだと考えていた。

イエナプラン教育のいいとこ取りをして、今の日本の教育システムにフィットさせるとともに、一斉指導の弱点を克服したいと考えた。

そんなとき、名古屋市教育委員会から「マッチングプロジェクト」の募集があった。

本校の教職員の力量には自信があった。全員前向きで、子どもたちのための努力は惜しまない者ばかりであった。このメンバーとなら授業改善に取り組んでいけるとは思っていたが、それを一過性のものではなく、持続性があり、他校への広がりを実現するためには、教育委員会のバックアップが必要だと考えていた。

応募を考えてから、職員間での話し合いが続いた。令和2年度より全面実施された学習指導要領を踏まえ、本校がこれまでに行ってきた「ふれあい活動」と5年生でスタートしたイエナプラン教育を参考に進めている授業を取組の中心に据え、「個別最適な学び」と「協働的な学び」を実現する学校づくりを進めていこうということになった。求める姿は、前述した「主体的に課題に取り組んでいる姿」と「互いに認め合いながら、自分のよさや個性を生かし協働している姿」だ。この姿を実現する子どもたちは、一体どんな子どもたちだろうとさらに話し合いをして、求める子どもたちの姿を「夢中になって目を輝かせる子どもたち」として本校の挑戦がスタートした。

プロジェクトの目玉は、民間とのコラボレーションである。本校では、日本イエナプラン教育協会の中川綾氏（長野県の学校法人茂来学園　大日向小学校の立ち上げに貢献し、現在は長野県教育委員会の教育委員）を中心としたメンバーからサポートを受けることとした。イエナプラン教育のコンセプトを様々な角度から学び、全体での実践のリフレクションとともに、個別の支援を受けた。本校の目指すべき方向を常に確認しながら研修を進めることができ、そのためのノウハウも学ぶことができた。

3／保護者理解を得るために大切なこと：校長としての立場から

実践を進めていく中で、教育関係者なら次のような疑問をもつと思う。

「この学びのスタイルが、すぐに保護者に受け入れられるか？」

この疑問は、本校を訪れた方から必ずと言っていいほどされる質問である。

子どもたちの学びに向かう姿を見てもらえれば、一定の理解は得られると思っていたが、新型コロナウイルス感染症の感染拡大もあり、授業参観という機会をもつことができなかったことがネックになった。学級によっては、なかなか子どもたちに主旨が伝わらず、「先生は教室にいるのだけど、授業が、自習みたいになっている」と子どもから保護者に伝われば、心配になった保護者からすぐに学校に連絡が入る。

その都度、私は丁寧に保護者の皆さんに説明をしてきたつもりだ。

もちろん、学校としては、保護者の理解を得るために手を打ってきた。学校だよりとは別に、このプロジェクトに関わり「CANS　news letter」（CANSとは、このマッチングプロジェクトに応募するときに使った「Creating a new School Project」の頭文字を取ったもの）という学校だよりを配付して、プロジェクト参加の経緯から、意義、目指す子どもたちの姿や手立てなどを丁寧に発信していった。

また、本校ＰＴＡが主催する「家庭教育セミナー」で、私とイエナプラン教育協会の中川綾氏との対談を行い、育てたい子ども像を伝え、本校の取組のねらいや手立てを具体的に発信することができた。コロナ禍であったため、オンデマンドでの発信となったが、結果として、より多くの保護者に見ていただくことにつながった。

その年の秋になると、本校の取組が、新聞やテレビでも取り上げられ、また、その内容が一定の評価を得たものであったため、保護者理解が進んだと考える。

保護者理解を得るために、様々な努力はしたが、何が一番効果を上げたかというと、やはり子どもたちの変容である。保護者の声を借りれば、「いつもは、私が口を酸っぱくして言って、やっと取り組んでいた宿題なのに、自分で進んで、それも計画的に取り組むようになったんです」「またゲームやってると思ったら、タブレット端末に向かって一生懸命に調べ学習をしています。『明日、調べたことをみんなに伝えたいんだ』と言うのですよ。自分から進んで勉強している我が子の姿を初めてみたような気がしてうれしかった」

このような声が直接私に届くようになった。これは、子どもたちの学びに向かう姿に少しずつ変化が見られ、それが一番の保護者理解につながったと考える。

やはり、子どもが、学校生活を楽しく過ごすこと、子どもたちの健やかな成長が、学校と保護者との信頼関係を深めるためには、絶対に必要なのだと改めて感じた。

異年齢で学ぶ、ふれあい活動

教諭の立場

1 異年齢で学ぶよさ・ワールドオリエンテーションについて

ここでは、山吹小学校の異年齢の学びを紹介していく。

イエナプラン教育では、通常、3学年の子どもからなる異年齢学級が基本単位となっている。子どもたちは、同じ学級で3年間過ごし、年少・年中・年長という異なる立場を経験する。異年齢学級のよさは、個性や発達の程度が異なることが当たり前として受け入れられるようになることである。また、「年長（師匠）・年中（熟練者）・年少（弟子）」の立場を毎年経験することで、互いに助け合う文化がつくられていく。

山吹小学校でも、1年生から3年生、4年生から6年生で成り立つ異年齢のグループをつくった。そして、イエナプラン教育のワールドオリエンテーションのサイクルを総合的な学習の時間に異年齢グループで行っている。

イエナプラン教育では、子どもたちが自分の内側から湧いてくる問いに気づき、そこから解を求めて探究することを重視している。各教科の学習とワールドオリエンテーションは、相互補完的な関係にあり、各教科の学習は、子どもたちが自らの問いを基に探究するための重要なツールであると考えている。子どもたちがそれらのツールを使って探究しながら、世界の中に自分の位置を見出していくこと、それこそが学校教育の究極的な目的であると考えられている。

また、ワールドオリエンテーションの進め方は、自転車に例えて「ヤンセンの自転車」と呼ばれ、モデル化されている。イエナプランスクールの校長だった、クリス・ヤンセンが開発したものである。現地では、左記の活動の流れについて学んだ。

■ワールドオリエンテーション　7つのステップ

ステップ１：様々な方法で子どもたちの好奇心を刺激する。
ステップ２：テーマについて子どもたちの問いを集める。
ステップ３：出てきた問いをマインドマップで整理し、役割分担をして探究活動の計画を立てる。
ステップ４：実験や発見、インタビューなどを通して探究し、結果をまとめる。

ステップ5：内容にふさわしい形で発表し、みんなで探究の結果を共有する。
ステップ6：探究の成果を振り返り、まとめ、記録したものを保管する。
ステップ7：学んだことを学習目標と照らし合わせ、まだ取り扱っていない目標に向かって新たな探究の計画を立てる。

2　異学年でワクワク学ぶ「ふれあい学習」

異年齢によるワールドオリエンテーションの学習活動の中で、「ふれあい学習」の時間が位置付けられた学習が始まった。

2021年、4・5・6年生は、名古屋市の東区区長から「東区は、歴史文化、福祉、防災を大事にしたまちづくりを行った。みんなにもぜひ、東区のまちづくりに挑戦してほしい」というミッションを動画メッセージでもらった。

「歴史文化」をテーマにした子どもたちは、学区にある素敵なお店や建造物を巡ってガイドブックにまとめた。フィールドワークをして、美味しいラーメンやケーキをいただい

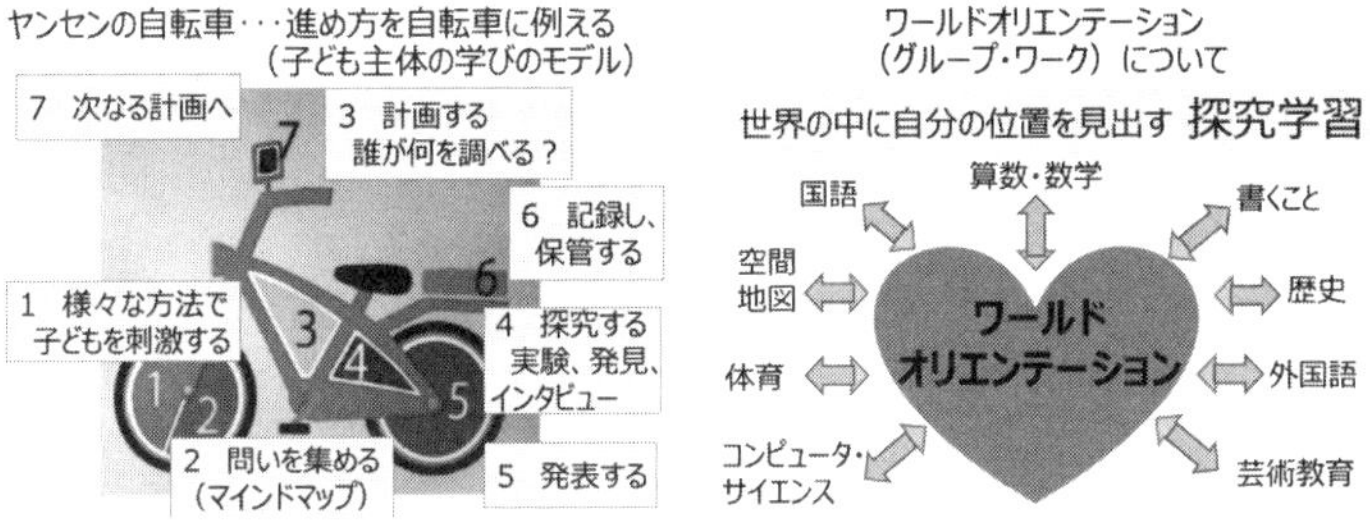
ヤンセンの自転車・・・進め方を自転車に例える
（子ども主体の学びのモデル）
7　次なる計画へ
3　計画する
誰が何を調べる？
6　記録し、
保管する
1　様々な方法で
子どもを刺激する
4　探究する
実験、発見、
インタビュー
2　問いを集める
（マインドマップ）
5　発表する
ワールドオリエンテーション
（グループ・ワーク）について
世界の中に自分の位置を見出す　探究学習
算数・数学
国語
書くこと
空間
地図
歴史
ワールド
オリエンテーション
体育
外国語
コンピュータ・
サイエンス
芸術教育

【ワールドオリエンテーションについて】
『イエナプラン実践ガイドブック』（教育開発研究所）P69、71を参考に筆者が図を作成。

た子どもたちもいた。「私たちの町には、こんなおいしい食べ物があるのか」と子どもたちもニコニコして話す。「防災」をテーマにしたチームは、ラジオ放送や回覧板を使って、防災を呼びかけた。「福祉」をテーマにしたチームは、パラスポーツを体験して、実際にパラスポーツ体験会を行った。

低学年の子どもたちは、「もったいない」を合い言葉に、今自分ができることを挑戦した。給食の残量調査をしたり、再利用の方法を探ったりした。

2022年は、各学年でテーマを決めて、同学年で探究活動を行った。探究活動の途中では、異学年グループでアドバイスをし合った。「6年生からスライドづくりのまとめ方を教えてもらいました」「3年生からポスターの色合いの工夫を教えてもらったよ」とうれしそうに話していた。自然と異年齢で関わり合い、共に成長をし合う子どもの姿が見られた。

【アドベンチャープログラムを楽しむ子ども】

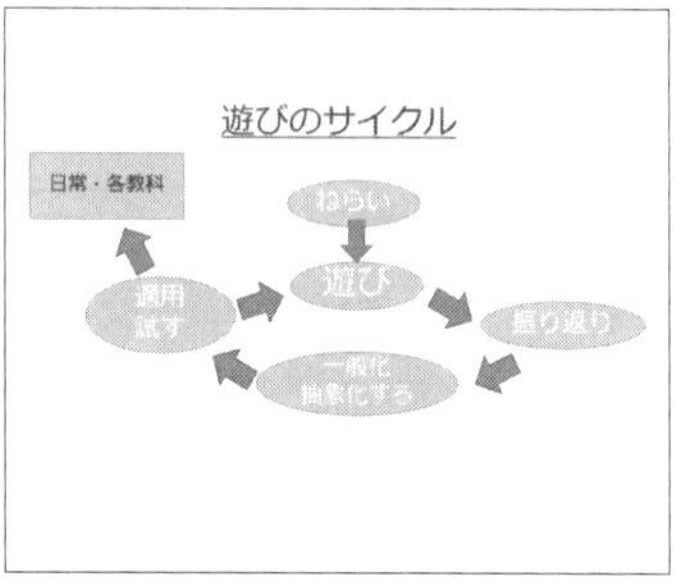

【山吹アドベンチャープログラムについて】

これらの「ふれあい活動」を積み重ねると、休み時間に異学年で遊ぶ子どもが見られるようになった。それぞれの立場を経験することで、サポートすること、導くこと、仲介することなどを学んだ振り返りの記述が多く見られるようになった。もちろん、どの年も学習の発表会は地域や保護者の方々から大盛況であった。

3 遊びから学ぶ「山吹アドベンチャープログラム」

イエナプラン教育では「遊び」の時間を大切にしている。山吹小学校では、「山吹アドベンチャープログラム」と称して、ねらいをもって「遊び」を行い、子ども自身が振り返り、一般化し、日常で試していける活動をしている。遊びを通して、互いのよさを知り合ったり、課題解決するよさを共有したりすることで、山吹セレクトタイムの時間に学んだことを適用することができるようにしている。

喜びの瞬間

校長の立場

保護者だけでなく、私たちが喜びを感じられる瞬間も子どもたちの変容を目の当たりにしたときである。よく「エビデンスを示してほしい」と言われる。確かに成果を見える化して示すことはとても大切である。ただ、どれだけ学力が身についたかを明らかにするのにはいつも私は苦労している。

今回、子どもたちの変容として紹介したいのは、子どもたちの卒業文集である。6年生の子どもたちが、卒業アルバムに綴る卒業文集、「6年間の想い出」に寄せた文章を紹介する。取組の成果を感じていただけると思う。

これまでは、先生が授業を進めて、自分たちは、黒板に書いてあることを写すだけ。先生に言われたら、問題を解く。先生に「問題を解くのは終わり」と言われたら終わる。というように先生に言われてから行動することが多かったです。YSTを通して、「計画性」が確実に身につきました。計画通り進めたり、計画を修正したりすることができるようになりました。中学生になったら、テスト勉強するときに自分で計画を立て、今何をすべきか、自分にとってどんな勉強が必要なのかを考えていきたいです。

振り返りの大切さを学びました。振り返りを重ねるにつれて、自分の得意なことや苦手なことを知ったり、友達やクラスの成長を感じたりすることができました。次にどうすべきかを考える機会にもなりました。

自分で計画を立て、実行し、振り返るようになったことで、どのようにすれば、自分にとってよい学習になるのか、深く学ぶことができるのか、考えながら取り組むようになりました。自分の進み具合や教室の雰囲気を振り返ることで、次の時間によいところは継続し、悪いところは改善することができました。

「友達と一緒にやる意味」が学べたと思います。友達の近くで取り組んでいるものの、必要なときだけ教え合い、それ以外は自分で集中して取り組みました。お互いに、学びに責任をもって取り組むという意識をもつことができました。自由には責任がついてくる。6年生での自分は、責任をもって何事にも取り組めるようになっていました。

卒業文集は、例年、修学旅行や運動会、野外学習などの行事での体験を6年間の一番の想い出として語ることが多い。

今回、100人中14人の子が、「YST」で身についたことについてふれ、自分の成長を感じてくれているということに本当に驚いたし、うれしく思った。

子どもたちの変容は、教員の大きな喜びであるし、モチベーションにつながる。新しいことへの挑戦には苦労が伴い、教職員には、かなりの負担をかけているのは事実である。ただ、常に教職員の前向きに努力している姿があるのは、目の前の子どもたちが、目指すべき子どもの姿に近づいていることを実感できるからであろう。

このように、子ども一人ひとりが輝く瞬間の積み重ねを本校では大事にしてきた。これからも、本校の一人ひとりの子どもの成長を心温かく見つめる目をもち、輝く瞬間をたくさんつくっていく。このことが校長である私の一番の喜びである。また、より多くの学校にも本校の取組に共感していただき、広がっていくことを願っている。

Topic 4

山吹小学校を読み解くエビデンス

名古屋市立大高小学校教頭
（前・名古屋市立山吹小学校教頭）　堀　初恵

令和3年より、個別最適な学びの実現と協働的な学びの実現を目指して授業改善に取り組んできた。これは、先に述べたように、環境や防災、少子高齢化など、複雑かつ解決の難しい課題が山積している中で、課題に対して、自ら主体的に解決策を考え行動していく力や、他者と協働しながら課題を解決していく力が求められていると考えたからである。そこで、子どもの主体性を培うために以下の二点を重点項目として取り組み、分析した。

1　自ら進んで課題に取り組むことができる。
2　自分の姿を振り返り、次の活動や学び（学習、学び方等）へ生かすことができる。
※1の項目は、「見通しをもって活動することができる」という項目と密接に関係しているので、これについても分析対象とした。

結論から述べると、主体性を培うための具体的な手法として、「山吹セレクトタイム」を取り入れたことは、大きな成果を得ることができた。このエビデンスとして、子どもの

意識調査の結果を基に分析した内容を後述する。

1　アンケートによる意識の変化

ここでは、実践に取り組み始めた頃（令和3年）と今現在（令和5年1月）の子どもの意識の変化を掲載する。抽出した学年は、令和3年度の3年生から令和4年度の4年生（N＝110）と、令和3年度の5年生から令和4年度の6年生（N＝70）である。3年生は、授業改善を始めたばかりでまだ定着していなかった学年であること、5年生は、授業改善を始めて慣れてきた学年であることから取り上げる。

⑴　アンケート項目「自ら進んで課題に取り組むことができる」に対する意識の変化

195ページに示す円グラフ（図1）は、「自ら進んで課題に取り組むことができる」の調査結果である。

「自ら進んで」と自信をもって「はい」と答えている子どもは、3年生から4年生では52％から61％、5年生から6年生では47％から63％になった。また、どちらの学年も、項目「どちらかといえば　はい」と答えた子どもは減少していた。

この理由として、どちらの学年にも、「先生や友達に言われなくても、自分で学習を始めることができるから（3、5年生）」「自分のペースで進められるから（3、5年生）」、5年生では、「自分で勉強することが楽しみだから（5年生）」と答えていた子どもが8割以上いた。3年生の子どもたちは、1年間のうち3分の2程度は、これまでの授業形態で授業を進めていたが、この調査結果より、新たに取り入れ始めた「山吹セレクトタイム」に子どもたちが慣れるほど、子どもの主体性を培うことができたと考える。

そして、この変化は、次に示す円グラフ（図2）と密接な関係にあることもわかった。

⑵ アンケート項目「見通しをもって活動することができる」に対する意識の変化

「見通しをもって」と自信をもって「はい」と答えている子どもは、3年生から4年生では46％から54％、5年生から6年生では55％から72％になった。また、項目「どちらかといえば　いいえ」、項目「いいえ」と答えた子どもが減少した。特に、5年生の意識の変化が9％から3％と顕著であった。

この理由として、「自分に合った計画を立てることができたから（5年生）」「週計画を見ながら学習することを自分で確認することができたから（3、5年生）」という理由が数多くあった。特に、「見通しをもって活動することができる」と答えた子どものほぼすべてが、前項目「自ら進んで課題に取り組むことができる」と答えていた。実際のデータ

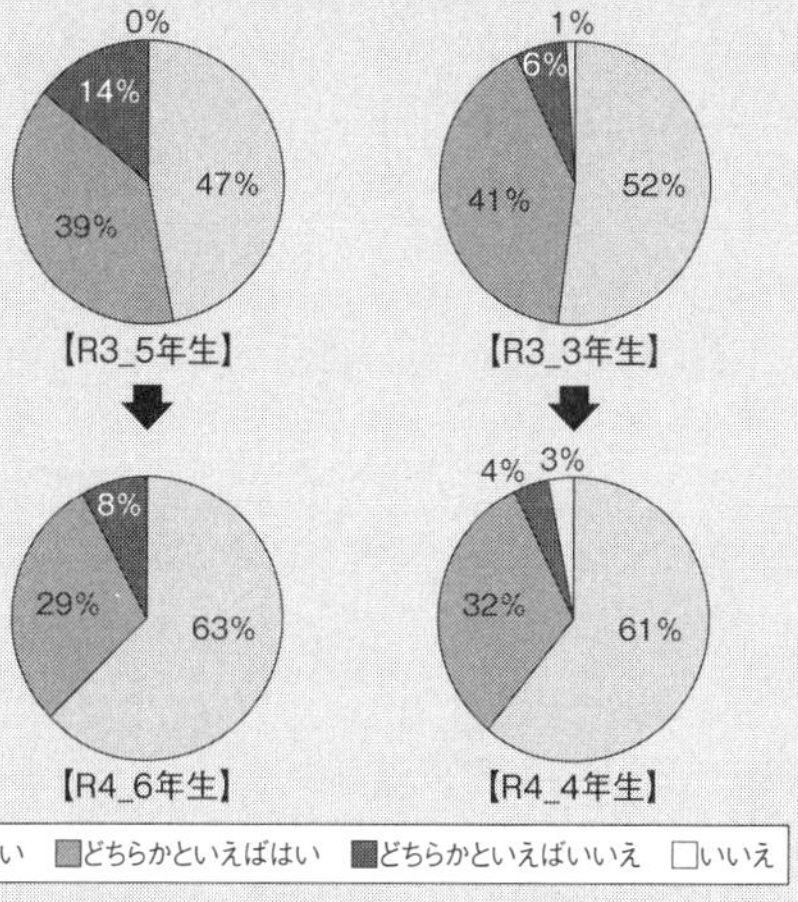

図1　【アンケート「自ら進んで課題に取り組むことができた」結果】

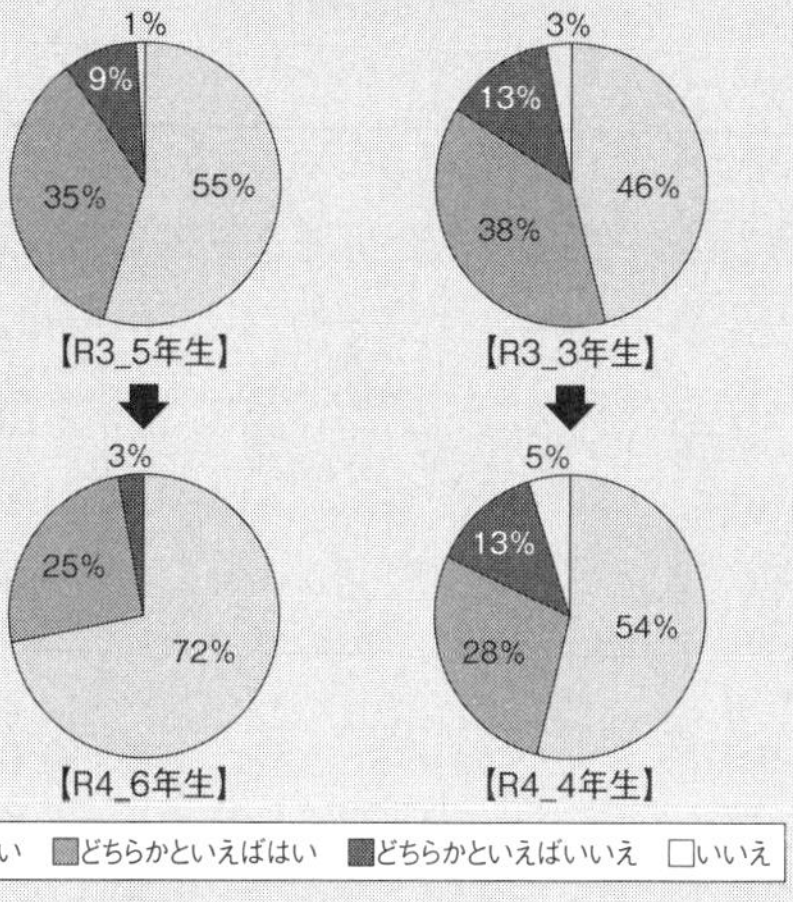

図2　【アンケート「見通しをもって活動することができた」結果】

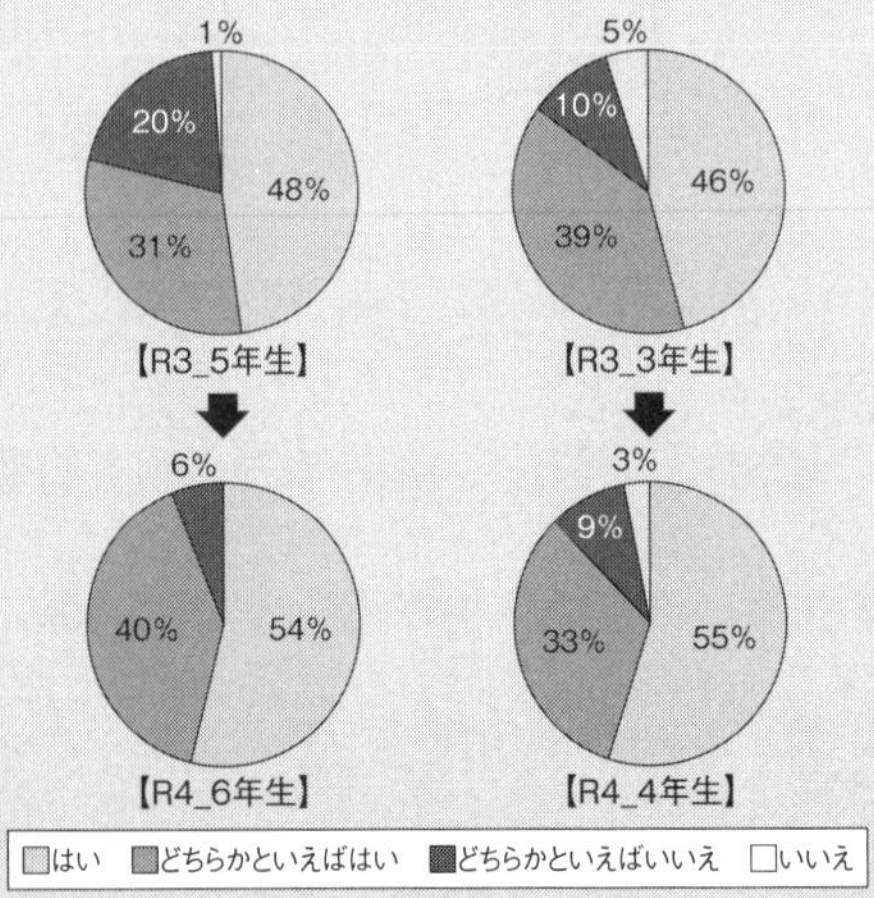
1%
20%
48%
31%
【R3_5年生】
5%
10%
46%
39%
【R3_3年生】
6%
40%
54%
【R4_6年生】
3%
9%
33%
55%
【R4_4年生】
はい
どちらかといえばはい
どちらかといえばいいえ
いいえ

図３　【アンケート「自分の姿を振り返り、次の活動や学びへ生かすことができた」結果】

から相関指数を割り出すと、0.6であり、相関関係がかなりあることもわかった。このことから、「自ら進んで」という主体性を培うためには、子ども自身が、「見通し」をもてるようにすることが必要不可欠であり、他者から強制されるのではなく、自分の学びに対して、「自分のペースで学習を進めている」という実感を伴うことが重要であると考えた。

(3)　アンケート項目「自分の姿を振り返り、次の活動や学びへ生かすことができる」に対する意識の変化

このアンケート項目は、主体性を培う上で、最もハードルが高く、かつ、重要であると考えている。

円グラフ（図3）を見ると、どちらの学年も、これまでのアンケート項目に比べて意識の変化が少なかった。

理由として、どちらの学年も、項目「どちらかといえば　いいえ」、項目「いいえ」と答えた子どもの6割の子どもが、「自分の進度に合わせて週計画を修正することができなかったから」と答えていた。「学習活動の様子や進み具合を振り返って、次週へ生かすことができなかったから」「『もっとこうしたい』という気持ちをもつことができなかったから」といった理由も、少なからずあった。

5年生では、学習のまとめや振り返りはできても、その生かし方がよくわからなかったということも要因の一つであると考える。これは、子ども一人ひとりが次週への課題を明確にもつことができなかったからだと考える。そのためには、「自分は何ができていて何ができていないのか」「次週はどんな目標にするとよいのか」といった振り返る時間を十分に確保することが必要である。これを積み重ねていくことで、子どもの「もっとこうしたい」という気持ちが膨らみ、さらに主体性を培っていくことができると考える。

2　全体の変容

3年生では、4年生にかけて「山吹セレクトタイム」の中で、時間割に教科や教科の時間数を選択することができるようになったことや、課題によっては、教科書、ドリル、はたまた、タブレット端末などを選択して解決することができるようになったことが、先に挙げた、「自ら進んで」課題に取り組む気持ちに大きな拍車を掛けたと考える。また、「学び方を選ぶ（友達に聞く、先生に聞く、教科書を見るなどを選択する）」という経験も直結したと考える。

5年生では、ほとんどの子どもたちが、「自ら進んで学習に取り組むことができる」と自信をもっていることから、主体性が確実に培われてきていると言える。

以上のことから、「山吹セレクトタイム」を取り入れたことで、子どもの主体性が培われたと結論づけることができる。そして、今後、子どもたちは、どのような場面に出合っても、自ら考え、判断し、課題を解決していってくれると期待している。

Section

5

子どもたち一人ひとりに居場所がある社会の実現を目指して

全国で初めて、全市立中学校110校にスクールカウンセラーを常勤配置し、スクールソーシャルワーカーなど教員以外の専門職が常勤で子どもの悩みや困難をチームで支える『なごや子ども応援委員会』。全国に例のない、応援委員会における各専門職の役割や組織、支援事例を紹介する。また、不登校の子どもの居場所づくりの取組を紹介する。

先生じゃないけれど…頼りになる大人たち

名古屋市教育委員会事務局子ども応援室長　平松 伸晃

1　全国的にも例がない学校現場への常勤職員の配置

心理の専門家である常勤のスクールカウンセラー（以下、「ＳＣ」という）を市立中学校全１１０校に一人ずつ配置するなど、全国的にも例がない規模の常勤の心理や福祉の専門家等から構成されるなごや子ども応援委員会。この組織がある名古屋市の学校では、どのような風景が見られるのか。

応援委員会の職員の日常から紐解いてみることとする。

2　みんなの心のそばにいるスクールカウンセラー

「おはようございます！」

名古屋市内のとある市立中学校の朝の登校時間帯。陽の光に照らされた校門の前で、教員が子どもたちの登校を見守り、子どもたちと挨拶を交わす。一見すると、全国どこの学校でも朝のこの時間帯にはよく見られる風景である。

しかし、名古屋市の場合、校門に立って子どもたちと挨拶を交わす大人たちは、教員だけではない。そこには、教員とともに子どもたちを見守るSCや福祉の専門家であるスクールソーシャルワーカー（以下、「SSW」という）などの姿がある。

教員とは違った専門性をそれぞれもっているが、教員と同じく、子どもたちを見守るまなざしは温かい。

SCに対して抱かれている一般的なイメージは、どのようなものだろうか。「悩んでいることや心配なことがあったときに、事前にカウンセリングを受けたい日時の予約をし、カウンセリングを受ける小部屋へ行くと、そこに待っている心理の専門家」といったところだろうか。だとすると、朝、校門で子どもたちと挨拶を交わすことから始まる応援委員会のSCの日常の活動を見て、意外に感じる方は少なくないだろう。教員と同様に、学校で常勤職員として勤務しているからこそできる活動である。

3 朝の挨拶活動のメリット

「毎朝、子どもたちと挨拶をしていると、彼らとの心の距離が縮まるのを感じます。最初は目を合わすこともなかった子が、徐々に挨拶をしてくれるようになることも結構ありますよ」

「日頃、顔を合わせていると、子どもたち一人ひとりの小さな変化に気づくことができます。例えば、A君はいつもB君と一緒におしゃべりをしながら登校していたのに、最近一人で登校しているな、とか。C君は、最近同じ服ばかり着ているな、とか。D君は、前はそんなことなかったのに、寝ぐせがひどいな、とか」

朝の登校してくる時間帯に子どもたちと挨拶をしながら、見守ることによるメリットとは何だろうか。大きく分けて、次の2点である。

(1) 子どもたちがSCに相談する上での心のハードルを下げることができる

悩みや心配事を抱えたときに、欧米諸国では気軽にSCに相談する慣習がある。一方、日本では一般的に欧米諸国と比べると、まだまだSCに相談するのはハードルの高いことであると、とらえられているのではないだろうか。

「SCに相談するのは、深刻な悩みを抱えている場合のみであって、自分の悩みはそこまでのものではない。まだ、相談するレベルじゃない」

「SCのことはよく知らない。知らない大人に相談なんてできない」

と考える子どももいる。

名古屋市の中学校では、子どもたちは悩みや心配事を抱えているか否かにかかわらず、登校するときにSCと顔を合わせる。そして、挨拶を交わす。こうした日々の関わりの中で、SCと子どもたちの心の距離は少しずつ近くなっていく。心の距離が近く、顔の見える関係ができていれば、悩みや心配事を抱えたときに、「あの人（SC）に相談してみようかな」と、子どもたちの頭に顔が浮かぶようになり、SCへ相談するハードルを下げることができる。

(2) 子どもたちの声なき心のSOSを早期に察知できる

朝の子どもたちの登校の様子を見守ることによって、例えば、「友人関係がうまくいっていないのではないか」「子どもを取り巻く家庭環境に課題があるのではないか」といった懸念を早い段階で察知することができる。そして、早期の支援の実施に向けてアクションを起こすことができる。まずは、担任や校長などの管理職と気になる子どもについて情報の共有をするとともに、家庭などの子どもを取り巻く環境に課題があれば、ＳＳＷと連携していく。

「何か悩みや心配なことがあったときに、子どもたちがすぐにＳＣに相談しようと思ってもらえる関係を日頃から築いておくことが大切です。早く相談してくれれば、早く支援をスタートすることができる。このスピード感が、子どもたちの悩みや心配事を深刻化させず、状況を改善させるためにとても重要ですね」

ＳＣは、朝の登校見守りの後、授業中や昼食、そして授業後の部活動などでも、子どもたちの様子を見守っている。学校はたくさんの子どもが来るところであることから、応援委員会の職員は幅広い特性や背景の子どもたちを見つめるまなざしを大切にしている。

「校内を歩きながら子どもたちを見守っていると、掃除の時間や授業後など何気ない日常の場面で、ふと相談をされることもあります。学校生活の日常において、子どもたちのそばに存在していることが、大切なのかなと思います」

これまで述べてきた活動のほか、ＳＣの業務は個別面談、職員会議への参画、心の教育の実施など多岐にわたる。

個別面談は、ＳＣの業務として、一般的にイメージされるであろう、個室で実施されるものである。教員を通じて予約することも、SCに直接予約をすることもできる。また、応援委員会の相談を受け付ける電話も公開されている。

ちなみに、今、悩みや心配事を抱えているかどうかにかかわらず、すべての子どもたちを対象とした全員面談も行っている。これは、応援委員会の職員と顔を合わせることで、子どもたちにとって彼らが身近な存在であることを感じてもらい、悩みを抱えたときに気軽に相談できるようにすることを目指している。これは、小学校4年生と中学校1年生を対象に実施している。

個別に教員の相談に応じることもある。子どもとの関わり方、言葉かけなどについて、教育の専門家である教員とは違った立場である、支援の専門家としてアドバイスを行う。教員の研修に参画し、様々な事態への対応力の向上を目指し、専門知識を伝えることもある。

子どもたちを対象に行う心の教育としては、今、悩みを抱えている・いないにかかわらず、すべての子どもたちを対象に、援助希求力やストレスマネジメント、アンガーマネジメント、レジリエンスなどのテーマを取り扱う。心の教育を実施する中で、自分自身でケアする大切さや、一人ひとりが大切な存在であることを伝えている。これらは、学校生活を送る上で子どもたちに知っていてほしいこと、身につけてほしいことであるが、中学校を卒業しても子どもたちが人生を歩んでいく上でも大きな力になることを期待して実施している。

①すべての子どもたちを対象にした未然防止の取組。
②危機に陥る危険性の高い子どもたちを対象とした早期発見・早期対応。
③援助を必要とする子どもたちを対象とした問題への介入・再発防止。

SCは、これら三つの取組を子どもの状況に応じて進めていく。

子どもたちを取り巻く状況や悩みは多岐にわたっており、職員は日々専門的な知識やスキルをアップデートしていく必要がある。

これまでSCの様々な業務にふれてきたが、業務によって、SSWが実施したり、他の職種の職員が関わったりすることもある。

4 環境へ働きかけたり関係機関と連携したりするスクールソーシャルワーカー

福祉の専門家として、子どもたちの家庭環境などの課題にアプローチするのがSSWだ。SCの業務として先に述べたものに、SCとともに携わることも多いが、ここでは、SSW固有の業務についてふれたい。SSWは中学校内に勤務しているが、SSWの姿を学校内で見かけることは少ないかもしれない。

「大体、担当エリア内を自転車で走り回っています。アップダウンが激しい地域は結構きついですね」

SSWにとっては、日頃から地域の様々な支援機関（社会資源）とのつながりを強固なものにしておくことが欠かせない。支援が必要な子ども一人ひとりにとって、最善の支援を行う。そのためには、具体的に様々な「支援の引き出し」をもっていることが欠かせない。各支援機関といかに強固な関係性を築けるかが重要である。

「それぞれの支援機関がどんな支援を行っているのかについて、情報収集をするということであれば、インターネット上で、ある程度はできます。でもそれでは、十分ではありません。支援機関へ実際に直接伺って、お会いして応援委員会のことを知ってもらうとともに、お相手の機関のことを直接教えてもらったり、お話を聞かせていただいたりする。こうしたやりとりを通して、顔の見える関係を築いていきます。応援委員会とは別の機関であっても、悩みや心配事を抱える子どもを支援するという方向性は同じなんです。子どもを支援するいわば仲間同士、支援に対するお互いの強い思いを交換するような感じですね。こうした関係が築けていれば、子どもたち一人ひとりに寄り添った支援をスピーディーに、そして着実に進めていくことができるんです」

ＳＳＷはこの顔の見える関係を広げ、維持していくために、スケジュールの合間を縫って、支援機関が集まる様々な会合にも出席している。この「関係づくり」と「実際の支援」のために、担当ブロック内を駆け回る日々が続くのだ。

「実際の支援をする上で、家庭訪問をすることもあります。保護者がお仕事をしている場合など、日が暮れてから伺うこともたびたびありますね」

常勤の職員として、常に子どものために活動し続ける。それが、ＳＳＷの日常である。

5 警察官としての経験が豊富なスクールポリス、組織の円滑な運営を担うスクールセクレタリー

応援委員会には、これまでふれてきた心理の専門家（SC）、福祉の専門家（SSW）のほか、スクールポリス（以下、「SP」という）という職員もいる。

SPはポリスと名乗っていても、警察官ではなく、警察官経験者である。警察官としてのキャリアは40年程と、経験豊富である。警察官としての知識・経験を生かして、子どもの安心・安全を守ることがSPの職務だ。

「学校内外での子どもの見守りや、不審者への対応など、子どもの安心・安全のためなら何でもやりますよ」

学校現場にとって、警察はそれほど身近な存在ではない。警察組織を熟知したSPの知識・経験が、警察と連携する上で大きな力になっている。また、SPは子どもたちの人気者であり、キャリアモデルとなることも多々ある。子どもに向けるSPのまなざしはどこまでも優しさに満ちている。と、同時に鋭い光を放っている。これは、警察官としての長いキャリアからもたらされるものであろう。

応援委員会にはこのほか、電話での相談受付や組織運営を円滑にする業務を担当するスクールセクレタリー（以下、「SS」という）もいる。

「相談をお受けする機関として、電話での第一印象はとても大切だと考えています。顔が見えない、電話でのやりとりで、応援委員会なら安心して相談できる、と思っていただけるように、細心の注意を払って、真心をこめて、電話受付をしています」

SC、SSW、SPらの専門職が円滑に業務を進めていくことができるのも、様々な支援を行うSSの貢献によるところが大きい。

専門もキャリアも様々。子どもを全力で支援する多様な職員から成る集団、それが「なごや子ども応援委員会」である。

最善の支援を目指して！

～なごや子ども応援委員会の組織とは～

1 多職種が常勤でチームとしてサポート

応援委員会は全国でも例のない支援組織であるが、その特徴は大きく3点ある。子ども一人ひとりにとって最善の支援策を講じるため、①「多職種」の、②「常勤」職員が、③「チーム」で連携して活動する。

①「多職種（SC、SSW、SP、SS）」、②「常勤」については、これまでに述べてきたので、ここでは③「チーム」での活動等について述べることとする。

名古屋市の行政区は16区あり、それぞれの区を一つのブロックが担当している（このほかに、全市の市立高等学校、特別支援学校を担当しているブロックもある）（以下、「高校・特支ブロック」という）。「チーム」での活動というのは、このブロック単位での活動を指している。具体的に、応援委員会の職員の配置、組織について説明をすると、名古屋市立の中学校は110校あり、SCはすべての中学校に1名ずつ配置されている。

各ブロックの中で1校、特定の中学校に事務局を設置しており（以下、「事務局校」という）、その事務局校には、SSWが1名ないし2名、SPが1名、SSが1名配置されている。つまり、事務局校には、SC1名、SSW1～2名、SP1名、SS1名が配置され、そのほかの中学校にはSCが1名配置されている。

ここで、ブロック体制のこれまでの経緯についてふれておく。平成26年度に応援委員会は、11ブロック体制でスタートした。ブロックによって担当する行政区が一つのところもあれば、二つの行政区を担当するブロックも存在していた。令和3年度に、高校・特支ブロックが設置されたが、それを除けば、9年間同一のブロック体制で運営されてきた。

応援委員会は多職種で構成される支援組織であり、応援委員会の職員間の連携、学校との連携により支援を行っていく。しかしながら、子どもの支援をする上で、ケースによって、区役所の福祉部署や、警察署との連携が必要な場合がある。応援委員会の相談等対応件数が増加していく中で、こうした他機関との連携が必要となるケースも増加してきた。

連携の相手方である区役所や警察署等は、行政区ごとに設置されている。こうした機関との連携を強化するために、令和5年度より、16行政区に対応した16ブロックによる運営を開始し、各ブロックが一つの行政区に専念する体制となった。

2 多角的に支援方針を徹底検証するチーム会議

ブロックとしての活動の中心となるのは、第2章（91ページ）でも少しふれた、毎週1回開催される「チーム会議」である。これは、ブロック内のすべての職員、SC、SSW、SP、SSが事務局校に一堂に会して行われる。チーム会議では、各職員が担当しているケースを持ち寄り、アセスメントや支援の方向性について、担当者が説明し、他の職員が質問したり見解を述べたりしながら、議論を深めていく。そうすることによって、担当SC一人だけの視点ではなく、そのほかのSC、さらにはSSWなどの視点も交え、あらゆる角度から支援方針について徹底的に検証、ブラッシュアップが行われる。

名古屋市以外の地域では、一般的に、学校現場に配置されているSCは自分自身のアセスメントに基づき支援の方向性を定めていく。これに対して、応援委員会が実施している「様々な専門性をもった職員の複数の目で支援をブラッシュアップする取組」は珍しく、よりよい支援の実現のために有効なものであると言える。こうしたケースの検討に加えて、チーム会議では、職員の専門性を高める研修を実施するなど、チームとしての支援力向上にも取り組んでいる。

チーム会議は、毎週各ブロックごとに定められた曜日に開催される。通常、朝から始まり、正午までには終了する。というよりむしろ、終了させなければならない。午後からは各職員は勤務校に戻り、予定されている面談等の通常の業務に従事する必要があるからだ。

そのため、チーム会議は毎回時間との戦いの側面もある。相談等対応件数は増加傾向にあり、子どもたちの悩みや心配事の背景は様々であり、時に複雑だ。時間と戦いながら、よりよい支援、そしてチームの支援力の向上を目指した挑戦を続けている。

このチーム会議には、一人ひとりの応援委員会職員のメンタルヘルスの維持にも貢献している面がある。応援委員会の職員となって間もない新規職員は、学校の中で働く子どもの支援を担当する職員という、全国でも例のないポジションに戸惑うことも少なくない。

「採用された当初は、本当に戸惑いがありました。教員の中で、ＳＣは私だけ。学校の様々な文化と言いますか、雰囲気も含めて、慣れない日々が続きました。

学校についてしっかりと理解し、教員との連携を深め、子どもを支援する。一方で、心理の専門家として、教員とは違った立ち位置、つまり第三者的な視点をもち続けていなければならない。

学校内に私の先輩に当たる職員がいれば、その方の日頃の活動を見ながら学べると思うのですが、支援職は私一人だけなので、それもかなわず、一人で進めていかなければならない。日々、試行錯誤の連続でした」

新規職員は不安や孤独を感じながらも、学校からは高い専門性を発揮することを期待される。このような日々を過ごす新規職員にとって、毎週1回開催されるチーム会議の時間は、何物にも代えがたい大切なものである。

「チーム会議に参加すれば、ケースの検討を通じてではありますが、自分と同じ支援職とのコミュニケーションの時間を得ることができます。チーム会議が始まる前に、先輩職員に自分が迷っていることなどを相談することもできます。自分は一人じゃないんだ、応援委員会という組織の仲間がいるんだ、ということに改めて気づける、また頑張ろうと思える、貴重な機会ですね」

様々な悩みや心配事を抱える子どもや保護者と向き合い、昼夜問わず支援を続ける応援委員会の職員。この業務をサステナブルなものにしていき、職員が自信をもって日々の業務を進めていくことができるような環境を整えることが大切である。「自分は一人じゃない。居場所がある」と思えることは職員の心の大きな支えとなることからも、チーム会議の開催は、今後も大きな役割を果たしていくであろう。

3 ブロックを統括するスペシャリスト・主任総合援助職

応援委員会の組織には、ブロックを統括する主任総合援助職（以下、「主任」という）が配置されている（教育委員会事務局に勤務）。主任は現場出身で、経験豊富な支援のスペシャリストである。主任はそれぞれ2〜3ブロックを担当しており、各ブロックの職員を統括するポストだ。職員の一人ひとりの力量やチーム力の向上、困難なケースについての指導助言などを行う。

主任は毎週1回開催されるチーム会議へ出席し、会議の運営をリードしていく。また、チーム会議の終了後などに、職員の個別の相談にも応じる。支援について、学校との関わりについてなど内容は様々だ。チーム会議が開催されない日であっても、日常的に電話等で各ケースへの対応の助言を行ったり、必要に応じて学校へ赴いて担当職員とともに活動を行ったりする。

また、現場職員が作成する相談等対応記録については、主任は担当するブロックのすべての記録に目を通し、記録をもとによりよい支援を実現するためのフィードバックを行っている。このように、主任は様々な形で、現場職員を「常に近くで」サポートしている。

さらに、学校との連携を円滑なものとするために、定期的に担当ブロック内の学校を訪問し、管理職との意見交換なども行っている。

主任は、応援委員会が一人ひとりの子どもに寄り添った支援を行う上で要となる存在なのだ。チーム会議を中心としたブロックの活動、そして主任によるサポート。この二つの応援委員会独自の仕組みが職員間の連携強化や、一人ひとりの力量の向上、ひいてはチーム全体の支援力を向上させる上で極めて重要な役割を果たしている。

4 支援事例

※本事例は、個人情報の保護の観点から、複数の事例情報を組み合わせたり、内容を一部変更したりしながら、個人が特定されないような配慮を行っている。

ここで、応援委員会の活動例を紹介する。

■事例1：いじめの訴えが発端となった支援事例

7月、小学校の教頭よりブロック事務局校に支援依頼の電話が入った。なお、小学校には常勤ではなく、非常勤SCが配置されている。

5年女子児童Aさんとその保護者が、クラスメイトからのいじめを学校に訴えており、学校も対応しているが、なかなか収まらないので対応してほしいとのことであった。

SC、SSW等が学校訪問し、管理職から話を伺った。

管理職の話から、Aさんは年度当初は、Bさん、Cさんと仲よく3人グループで行動することが多かったが、野外学習行事をきっかけにBさん、Cさんと距離が遠くなったこと、さらにBさん、Cさんに悪口を言われていることを訴えていることがわかった。

教頭よりAさんの保護者に応援委員会職員との面談を勧めたところ、母親が来校したのでSCとSSWが面談を行った。母は、Aさん自身も強くならなくてはいけないけれど、Bさん、Cさんのやっていることは酷い、と強く憤りを感じているようだった。

その後、SC、SSWは、Aさんにも会った（すでにAさんは、小学校の非常勤SCと継続面談を行っていたので定期面談は行わなかった）。Aさんは、素直で明るい子であったが、独特の感性がある子で、そのことがほかの子どもたちとの関係不調につながっている可能性があることも感じられた。

夏休み明け、Aさんは、担任のアドバイスを受け、Bさん、Cさんと距離は置いたものの、Bさん、Cさん本人や保護者の方から謝罪がないことに怒りをもち続け、次の友人との関係に進めない様子であった。

学校は、謝罪の場をもたせたいと思っていたが、Bさんが母子家庭であり（母子生活支援施設に住んでいた）、母が子どもに目を向ける余裕がない状況であることを理解していたので、学校から水を向けることができない状況であった。Aさんだけでなく、Aさんを取り巻く環境を把握した応援委員会職員は、複数の学校教職員や非常勤SCとも話し合い、支援の役割分担を行った。

Aさんには、小学校の非常勤SCがカウンセリングで傷ついた心のケアを行い、Aさんの保護者のカウンセリングは常勤SCが行い、Aさんの特性理解と保護者の傷つきに寄り添った。SSWは、区役所職員や母子生活支援施設と連携し、Bさんの家庭を見守った。

さらにクラス全体には、SPなど複数の応援委員会職員が入り、周りの子どもたちへポジティブな声かけを行ったり、心の授業を行ったりしてストレスの少ないクラスの雰囲気づくりを目指した。応援委員会職員が定期的にクラスに入るようになるとBさん、Cさん以外にAさんに好意的に接してくれる複数の児童がいることがわかり、その子たちとのつながりが強くなるような働きかけも行った。

また、担任をはじめとする周りの教職員もこのケースに少なからず傷ついていたため、応援委員会職員は、時にそういった教職員の話にじっくりと耳を傾けた。そのことが教職員の気持ちをほぐし、関係性の再構築に役立ちもした。しかし、このように教職員の言動やクラスの雰囲気はよくなり、Aさんが誰かに傷つけられるような環境はなくなっても、Aさんや保護者の心の傷が急激に薄れることはなく、何かあると傷ついた頃の思いに立ち返ってしまうことがあったため、その後Aさんや保護者へのカウンセリングは長期間にわたった（Aさんは小学校卒業まで、保護者（母）は中学2年生時まで面談を行った）。

■事例2：SNS上のトラブルが発端となった支援事例

対象生徒は、当時中学1年生の女子生徒であった。

1月より3日連続欠席があり、これまで欠席したことのない生徒であったため、SCより担任へ声をかけると、担任より心配している声もあり、家庭への連絡や家庭訪問をすることとなった。

家庭へ連絡すると、母からは、欠席のことより、本人のSNS上での心配な行動があるとの相談があった。具体的には、本生徒がSNS上で知り合った相手に、自分の動画を送っているとのことであった。ただちに学校からSSWへ依頼があり、校内ケース会議を開き、対応を検討した。

SSWは、警察の介入の必要性があると考え、まずは担任を通じて母親との面談を実施した。母は外国籍であり、日本語の理解が十分ではなかったため、時間をかけてSSWより説明した。母は警察への相談に抵抗が強く、まずは本人と話し合う選択をし、本人と話をし、動画を削除したり、その相手と関わることをしない約束をした。

家庭的な課題があり、性非行が繰り返される可能性も考えられることから、応援委員会のチームで話し合い、SC面談を母と本人に勧め、実施した。SCとの継続面談では、複雑な家庭環境やそれに対する思いを多く語り、いらいらして学校に行く気になれなくなっていたこと、今は何もかもやる気がないこと、SNS上でやりとりしているときが一番幸せに感じることなどが語られ、本人がSNSに居場所を求める理由も見えてきた。

SCとの継続面談をすることで、いらいらを減らし、意欲向上を目指し、さらには男性SCとの面談を通して、良好な男性モデルを理解してもらうこともねらいとした。

面談を継続する中で、健全な男性とのつき合い方についても整理し、学んでいった。また、徐々に意欲が上がり、早く自立したい、そのためにも勉強したいという思いも出てきた。そこで、SSWより、ひとり親対象の学習支援事業を勧めることとした。SSWより本人と母へ学習支援事業を説明し、申し込むが、枠がいっぱいであったため、枠の空きが出るまで個別の家庭訪問型相談支援事業を勧め、週に1回家庭訪問型相談支援を実施し、枠が空いた後は小集団の学習支援事業を導入し、二つとも導入する流れとなった。

その間も、家庭の状況は変わることはなかったが、本人との面談を通して、家族とどのようにつき合っていくのかも整理し、一定の距離を取りながら接することも覚えた。

その後、学業成績も改善し、最終的には推薦で公立高校へ入学することとなった。

■事例3：朝の挨拶活動での気づきが発端となった支援事例

　中学校でいつものようにSC、SSWが校門に立ち、登校する生徒たちに挨拶をしていた。昨年度、時間ぎりぎりで登校していた男子生徒を今年度は見かけないため、担任に尋ねると、3年生になってから欠席が続いているとのことであった。

　数日後、その生徒の父親が学校に相談に来た。男子生徒は、父親に対して反抗的な態度であり、家庭で決めたルールを守らせようとすると、家族に暴力をふるうようになったとのことであった。

　学年主任と生徒指導主事からの依頼ですぐにSSWが父親との面談に同席し、その後、教員と家庭訪問をすることになった。家族は本人、父、祖母の三人で、男子生徒の幼い頃から祖母が母親代わりに養育の中心を担っていたこと、本人は進路について具体的な考えはないが、父親は高校進学を望んでいること、日中は父親が仕事に行くため男子生徒と祖母の二人であること、男子生徒は夜中にゲームをしているので、日中は寝て過ごしていることがわかった。

　家族への暴力については児童相談所に相談することになり、教員の働きかけで少しずつ登校を再開するようになった。登校した際にはSCが面談を担当し、男子生徒に寄り添って話を聞いていくと、育ててもらった祖母には感謝している半面、口うるさくてうっとうしく思うことがあること、高校に行って将来のために資格取得に挑戦したいが、経済的に苦しいので無理だと思うことが語られた。

暴力行為の懸念があったためSPとSSWが家庭訪問し、父と祖母から家族の関係と家計の状況を聞き、男子生徒の高校進学に向けて利用できる貸付金制度の説明をし、一緒に手続きを行った。その後、無事に受験に合格し、貸付金制度の利用により入学金等を納めることができた。父親にその後の授業料の支払いスケジュールや高等学校等就学支援金の制度を説明しつつ、生活困窮者の自立支援事業所と連携し、世帯の家計管理の支援につなげた。

また、歩くことが不自由となった祖母のために地域包括支援センターと連携し、介護認定を受けデイサービスを利用するようになったことで、男子生徒と祖母が程よく距離が取れるようになった。本人や家族の状況に合わせ、教員、応援委員会、他機関が連携し、遅滞なく柔軟に対応できたのはSCやSSWが常勤職であることも大きい。男子生徒を最近校門で見かけていないことに端を発した支援であるが、どうしたい（どうなりたい）のか、そのために何が問題になっているのかについて、生徒本人や家族の思いを丁寧に聞き取りエンパワメントしながら関わっていった。

このように、生徒自身だけでなく彼らを取り巻く環境に働きかけることで、応援委員会の関わりを離れても必要な支援につながり続けることができる。

■事例4：生活力等の乏しい家庭の子どもへの支援事例

小学校から不登校児童の対応に困っていると、応援委員会が依頼を受けたのが小学校6年生の男子児童（生徒）である。学校との情報共有では、「男子児童の性格は温和で友達もいるが、小学校6年生の夏以降、欠席が増えている。生活保護を受けている母子家庭で母には何らかの障害がある可能性がある。生活力・養育力は乏しい」とのことであった。「学校として、このような家庭環境の母子にどう対応すればよいかわからない」との話も出た。小学校からの紹介で、SCとSSWが母子支援を開始した。

SCによる男子児童の心理支援と並行で、生活状況の確認と母のエンパワメントを目的とした面談をSSWが実施した。遊びを取り入れながらの面談で、普段は口数少ない男子児童がSCに対して気持ちや困りごとを伝えるようになった。

また、SSWは知的障害のある母の頑張りを認めつつ、子どもとの接し方についてわかりやすい助言を行うよう心掛けた。母子は面談を楽しみに登校し、母子と担任とのやりとりも順調となった。しかし夏休み明け、朝「起きろ～起きろ～」と繰り返し言う母に切れた男子児童が家庭で母に暴力をふるい、母が骨折。母が警察に連絡して児童相談所に一時保護になった。

状況改善のため、福祉との連携の必要性を感じていたSSWは、学校の了解を得て児童相談所との連携を開始した。一時保護の間ＳＳＷは、児童相談所とこまめに情報をやりとりしながら必要に応じて学校と共有、また家庭訪問により落ち込んでいる母を支えた。数週間後、児童相談所から、母の養育力に課題はあるが、ここまで母子が支え合って生きてきたこと、男子児童の暴力行為は、男子児童の成長もあるが母のワンパターンの登校刺激により起きていること、男子児童、母とも児童相談所の助言指導に乗る素直さがあることなどから、母子を分離するのではなく、母に対する養育支援、セラピーで本人の発達を支援するという見立て・方針が伝えられ、一時保護が解除となった。

一時保護の間、ＳＳＷは、児童相談所から情報を聞き取りながら、学校と共有・支援の検討をするとともに落ち込んでいる母を支え続けた。一時保護中に男子児童に軽い知的障害があることが判明したため、小学校と母、ＳＣが相談の上、家庭状況も考慮して中学校では特別支援学級に入級したが、男子生徒はクラスに馴染めずすぐに登校できなくなった。

学校と児童相談所、応援委員会でケース会議を、時には母子も入れて複数回開き、本人の健康な育ちのためになるべく登校させ経験を増やすという方針を共有したが、一方諸事情で中学校担任による家庭訪問等、学校からの働きかけが難しい状況もあった。そのため、児童相談所と連携しながら、ＳＳＷ、ＳＰが家庭訪問し登校支援を行い、その後ＳＣが男子生徒との面談を行うなどの支援を半年ほど行ったが、１年生の冬には、誰が訪問しても登校が全くできない状況になった。同時期、男子生徒は家に引きこもり、ゲームに大金を課金したり、母を殴って母の歯を折ったりした。また、母自身も事故で入院することもあり、児童相談所への一時保護が数回繰り返された。

心配する学校に対し、児童相談所の在宅支援の方向性は一貫しており、SSWは学校と母子をつなぐべく家庭訪問などの支援を継続していたが、ある日の家庭訪問で母からふと、生活環境を変えたいという話が出た。本家庭と、学校や生活環境のミスマッチは支援者側にも感じられていたため、ちょうど出ていた住宅入居者募集の申込みをSSWが支援、同じ区内の希望の住宅に当たり、母子は転居転校することになり、諸手続きや引っ越しも、SSWが児童相談所と連携して支援した。

転居先の住宅は、母子と同じような生活水準の家庭が多く、支え合いもあり、SSWの見立て通り母子にとっては馴染みやすい環境で母子は揃って外出等ができるようになった。転校前から、SSWが当該生徒や家庭環境について学校に説明を行い、転校後もSSWの児童相談所との連携、家庭支援を継続した。「男子生徒を取り巻く環境に要因がある。母子ともに素直で働きかけによって変化する可能性は十分あり。安心できる環境での男子生徒の成長が何より重要」との見立てを伝え、学校側の理解促進に努めた。

同時に、転校先の男性SCが男子生徒との関わりを開始した。言語コミュニケーションの苦手な男子生徒の心理支援として、運動を中心とした関わりを継続し、本人の自信や体力の回復を目指した。同時に、言語的なやりとりを通し、約束を守ること、言葉で表現すること、学ぶことの大切さなど、生活適応に必要な概念形成の支援も行った。

生活の安定とともに、中学校3年生になる頃には男子生徒は徐々に明るい表情、生き生きした様子を見せるようになった。SCは担任と男子生徒のつなぎにも腐心し、男子生徒は徐々に担任と打ち解けるようになった。教室に入ることには最後まで抵抗があったものの、3年時には担任が放課後に定期的に学習指導を実施するようになり、想定よりできることが多いこともわかってきた。

担任から手厚い支援のある専修学校を勧めたところ、母子ともに進学意欲を見せ、無事合格した。SSWは児童相談所や生活保護のケースワーカーとも連携しつつ、進学準備を支援した。高校進学後は、中学校近くのバス停で朝、本人がバスを待っている姿や、夕方、母子で連れ立って買い物に出かける姿もよく見かけるようになった。2年生になっても、登校は滞ることなく順調である。

長期に渡り、支援者も入れ替わりつつ、面談、家庭訪問、他機関連携、進路支援、家庭支援を継続したケースである。いろいろな局面を乗り越えることができたのも、支援者間でこまめにやりとりし、母子や環境に対して共通した見立てをもつことができていたことによるところが大きい。

なごや子ども応援委員会がもたらしたもの

1 生徒、保護者、教員へのアンケート

応援委員会の活動について、生徒、保護者、そして教員はどのように感じているのだろうか。令和3年度に中学校27校の生徒、保護者、教員を対象に応援委員会に関するアンケートを行った。

生徒に対する質問では、まず、「応援委員会のSCがいることを知っていますか」について、「知っている」と回答した生徒が83・9%であった。次に、「応援委員会SCとあいさつしたことがありますか」について、「ある」と答えた生徒が73・9%であった。「応援委員会SCに悩みごとや困りごとなどを相談したことがありますか」について、「ある」と答えた生徒は10・3%であった。「相談してどのように思いましたか」については、95%の生徒が「よかった」「まあまあよかった」と答えている。

保護者については、同様の質問に「応援委員会のSCがいることを知っている」と回答した保護者が84・6%、「相談してよかった」「まあまあよかった」と回答した保護者は

85・6％であった。

教員に対する質問では、「応援委員会職員と連携して生徒や保護者の対応をしたことがありますか」について、「ある」と答えた教員は86・1％であった。また、「応援委員会職員が自分の学校に配置されていてよかったと思いますか」について、97・6％の教員が「よかった」か「まあまあよかった」と回答している。「教育活動を進めるうえで、応援委員会の役割は重要だと思いますか」については、「そう思う」と「まあまあそう思う」と合わせて、96・6％となっている。「各中学校に応援委員会職員がいることは、負担軽減につながっていると感じますか」については、82・7％の教員が「そう思う」か「まあまあそう思う」と回答している。

平成26年度にスタートした応援委員会は、今や学校現場になくてはならない存在になっている。一方で、このアンケートでは、応援委員会に相談したことがない理由として「こんなことで相談していいのかなあと思う」と回答した生徒がいた。保護者の中にも「相談するほどの内容かわからない」「敷居が高く気軽に相談できない」との回答もあった。「応援委員会のSCがいることを知らない」と答えた生徒や保護者が存在することと合わせて考えると、さらに応援委員会制度の周知について、様々な手立てを講じて取り組んでいく必要がある。

教員へのアンケートで応援委員会の存在が負担軽減になっているとの結果が出たが、多忙を極める教員をエンパワメントする効果も見逃せない。

「日々の業務に追われて疲れているときに、応援委員会の方が何気なくかけてくれる言葉には何度となく救われています。

『先生、お疲れですね』とか、シンプルな声かけなんですけど、心が救われる、また、明日からも頑張ろう、って思えてくるんです」

学校現場に常勤の支援の専門家がいることが、教員が働く、学校という職場の環境改善にも寄与している。

2 なごや子ども応援委員会はどこへ行くのか ～全国のトップランナーとして目指すもの～

これまで、応援委員会の活動や組織などについて述べてきたが、応援委員会が目指しているものとは何だろうか。全国の都道府県や市町村といった地方自治体は、地方教育行政の組織及び運営に関する法律に基づいて、それぞれの自治体が取り組む教育の大きな方向性を定めることとされている（教育大綱）。名古屋市の教育大綱である「ナゴヤ子ども応援大綱」には、一つの「理念」が掲げられている。

一人ひとりの人生の基盤としての理念～あなたもわたしも「いま、ここ」にいたいと思える場をつくる～

「権利ある主体」である一人ひとりの人間

・子どもも大人もすべての人がそれぞれの「生（いのち）」を全うする、権利ある主体者です。
・すべての人の「生」が尊重され、生きられる社会にむけて、一人ひとりの権利を保障します。

「いる」ことができるコミュニティ

・一人ひとりが「人」とのつながりを感じられるよう、継続的で応答的な関係をつくります。
・一人ひとりが未来につながる体験をし、「いる」ことができるコミュニティを実現します。

一人ひとりがいられる居場所づくり

・つながりのなかで「いる」ことが実感できる居場所をつくります。
・「あなた」が「いま、ここ」にいたいと思える環境づくりに関わるのは「わたし」たち一人ひとりです。

すべての子どもも大人も、幸せを感じることができる世界。それは、「ここにいたい」「ここにいてもいい」とすべての人々が感じることができる世界である。

応援委員会は、この「一人ひとりの人生の基盤としての理念」の実現を目指している。応援委員会の日々の活動や個々の支援、人材育成、そして組織体制など、すべては、この理念の実現を目指して行われている。この理念の実現に近道はない。一番大切なことは、これまでもこれからも、一人ひとりの子どもに合った、オーダーメイドの支援を丁寧に行っていくことである。

また、応援委員会の常勤ＳＣなどを配置している中学校へ入学する前の段階からの支援を充実させることを検討することも必要であろう。応援委員会に相談される子どもの悩みや心配事の要因は様々だが、その発端は中学校に入学する以前の小学生の段階だったり、さらには小学校入学前だったりする場合もある。

中学校へ入学する前の、より早い段階からの支援を充実させるためには、さらに人員体制を強化する必要があり、容易なことではない。しかしながら、中学校入学前からの早期の支援を充実させ、子どもたちを育んでいくことを積極的に検討していくことで、「理念」の実現に着実に近づいていくことができるのではないだろうか。

より低年齢からの支援の充実という観点から、令和5年度より市立幼稚園において、非常勤ＳＣの配置を各園年間70時間でスタートした。ちなみに、小学校については、全校で年間２８０時間非常勤ＳＣをすでに配置している。加えて規模の大きな小学校、中学校には、令和５年度よりさらに年間２８０時間の非常勤ＳＣを追加配置したところである。低年齢からの支援の充実については、今後も様々な手法を選択肢として検討を進めていくことが大切であろう。

さて、これまで述べてきた、常勤職員等による支援組織である、応援委員会と類似の取組は、現時点では全国的に例がない。財源や人材確保などクリアするべき課題はあるが、今後、第二、第三の「なごや子ども応援委員会」が生まれ、ひいては、この取組が大きなうねりとなって、全国に広がることを願ってやまない。

不登校の子が登校できた！子どもの居場所づくり

名古屋市教育委員会事務局新しい学校づくり推進室長　**平松　伯文**

２０２２年10月、文部科学省の「令和3年度　児童生徒の問題行動・不登校等生徒指導上の諸課題に関する調査結果」（以下、「令和3年度諸課題調査」という）により、全国の不登校児童生徒数は過去最多の24万人を超えたことが明らかとなり、このことは大きな衝撃をもって報道された。同年度の名古屋市立小・中学校の不登校児童生徒数は、３９５６人と、全国の傾向と同様に過去最多となった。令和3年度諸課題調査で文部科学省が集約した不登校の理由は、無気力・不安（49・7％）が最多であり、次いで生活リズムの乱れ・あそび・非行（11・7％）が挙がっている。

不登校児童生徒数が増加している背景については、２０２２年6月、不登校児童生徒への支援の在り方について検討する「不登校に関する調査研究協力者会議」がまとめた報告書において、「児童生徒の休養の必要性を明示した教育機会確保法の趣旨が浸透した側面も考えられるが、コロナ禍における生活環境の変化により生活リズムが乱れやすい状況であったこと、学校生活において様々な制限がある中でうまく交友関係が築けないなど、登

1	魅力ある学校づくり
2	教職員の意識改革
3	なごや子ども応援委員会・学校と専門機関等との連携
4	校内の教室以外の居場所づくり
5	訪問相談、対面指導、アウトリーチ支援
6	子ども適応相談センターの充実
7	民間団体（施設）との連携
8	ICTを活用した学習支援

【不登校未然防止及び不登校児童生徒支援の方策に掲げる８つの方策】

校する意欲が沸きにくい状況にあったこと等が考えられる」との見解も示されている。

名古屋市では、様々な対策を取りつつも、不登校児童生徒の増加傾向が続くことに強い危機感を抱き、有識者会議での検討を経て、２０２２年3月、「不登校未然防止及び不登校児童生徒支援の方策」を策定した。本市のこれからの不登校施策として、「魅力ある学校づくり」や「なごや子ども応援委員会・学校と専門機関等との連携」など八つの方策を掲げる。

今回紹介する「校内の教室以外の居場所づくり」も、この方策における重要な取組の一つである。２０２２年度から中学校30校で、不登校・不登校傾向にある生徒にとっての新たな拠りどころとなる校内の教室以外の居場所づくりが始まった。

教室に入る気力が湧かない、集団生活が苦しい、学校に登校することができない子どもたちが抱える事情は様々である。どのような事情があろうとも、「学校に行きたい」

と思うすべての子どもたちにとって、学校が安心して過ごすことができる存在でありたいということは、全教職員が共通してもつ願いである。しかし、何らかの事情で教室が居場所となっていない生徒がいるのであれば、学校内に、その生徒が常時安心して過ごすことができる居場所を用意したい。そしてその居場所では、必ずしも教室への復帰を目指すのではなく、今後社会で生きていく力を育む場としたい。こうした考えを基本として、校内の教室以外の居場所づくり事業を開始した（以下、校内の教室以外の居場所を「校内の居場所」という）。

まず、校内の居場所では、登校時間、下校時間、教室での過ごし方は、先生と話し合いながら生徒が決定する。1日を通じて校内の居場所で過ごす生徒、教室と居場所を併用する生徒など様々であり、校内の居場所での過ごし方も、プリントやタブレット端末を使っての学習、読書、絵を描く、作品をつくるなど、基本的には生徒自身が決定していく。

取組初年度となった2022年度は、設置スペースがある中学校30校で校内の居場所を設置した。設置校には、専任の教員を配置し、図書やパーテーション・机・ソファーなど、必要な備品等を購入するための費用も配分し、各学校の状況に応じて部屋のレイアウト等を検討してもらった。また、校内の居場所を進めるためには、予算・人員面で、教育委員会事務局の関係各課からも多大な協力をしていただいたことに、大変感謝している。

校内の居場所では子どもたちの気持ちを尊重しつつ、常駐するSCも交えてアセスメン

【校内の居場所の様子】

トを行い、保護者の理解も得ながら、利用するかどうかを決めていく。

　また、校内の居場所を設置するに当たっては、設置校すべての学校において、校内の先生の理解はもちろんのこと、在校するすべての生徒と保護者に制度趣旨を丁寧に説明していただくよう、校長先生に依頼している。生徒・保護者の理解が不十分なまま設置を進めると、校内の居場所が甘やかし・逃避の助長になるといった、あらぬ誤解を招き、居場所が安心・安全なスペースとならないだけでなく、学校運営全体に支障が生じてしまうからだ。私たちは、できる限り円滑に校内の居場所づくりが進むよう、学校向けに居場所づくりのガイドラインを作成し、担当となる先生を集めての研修会を開催した。その後も各学期ごとに研修会を開催し、各学校の取組などの情報共有の機会を設けるようにしている。

　ここで、校内の居場所の実施校の教師や生徒・保護者の声を紹介したい。

（教師の声）

・登校することで生活リズムが整ったり、自信につながったりするなど、生徒の喜ぶ姿を見られるようになった。

・個別の支援を行うことで、学習に前向きに取り組むことができるようになった。

・担当教員が生徒と関わる時間が長くなり、生徒の困りごとをキャッチしやすくなった。

（利用する生徒の声）

・家庭で学習に対するプレッシャーをかけられ、精神的に不安定になったが、この部屋で過ごすことができ、自分のペースで通うことができている。

・今までは「学校に行くように」と毎日言われてケンカになっていた。親とのケンカが減ったのが一番うれしい。

（保護者の声）

・校内の居場所ができて、「いつでも居場所で過ごせる」という安心感をもって登校できるようになった。

・学校行事に参加することは難しかったが、見学だけでもさせたい、という希望が叶ってうれしかった。

2022年度、実施校30校で計428名の生徒が校内の居場所を利用している。このうち、教室と校内の居場所を併用した生徒数は228名、居場所のみを利用した生徒は200名であった。校内の居場所利用者のおよそ半数が、居場所があることによって学校に登校できた生徒であったということもできる。校内の居場所の運営にご尽力いただいている学校現場に深く感謝するとともに、この部屋の意義・役割の大きさを深く感じている。

2023年度は、校内の居場所づくりの実施校を51校に拡大する。引き続き教育委員会と学校が十分に連携し、着実に居場所の運用を進めるとともに、残る中学校59校への実施拡大に向けて取組を進めていきたい。

Topic 5

チーム学校を実装する「なごや子ども応援委員会」

九州産業大学学術研究推進機構科研費特任研究員
（前・名古屋大学教授）　窪田　由紀

なごや子ども応援委員会の取組が開始されて早くも10年近くの月日が流れた。この間の発展については第5章で述べられているが、筆者はその誕生の時期に関わる機会を得た者の一人として、チーム学校の具現化の一つの形としての「なごや子ども応援委員会」の意義と今後の方向性について検討を加える。

1　なごや子ども応援委員会の誕生まで～転落死事案の検証過程から～

なごや子ども応援委員会設置の直接的なきっかけとなった中学生の転落死の事案が発生したのは、平成26年の7月であった。筆者は臨床コミュニティ心理学を専門とし、中でも自死を含む学校危機の予防と支援の実践と研究に携わってきた関係で、本事案の検証委員会にメンバーの一人として加わることになった。私自身、スクールカウンセラー（以下、「SC」という）として学校現場に長く関わってきたこともあり、当該校でSCがどのように活用されていたかを確認するとともに、今後、どのような活用がなされれば、このような事案を生まないことはもちろんのこと、一人ひとりの児童生徒の成長発達を支援する学校本来の機能を高めることに資することができるかを、考えねばならないという問題意識をもって臨んだ。

当時の名古屋市の中学校のSC配置は、週1回7時間、もしくは4時間×2日であり、同市のSC活用事業実施基準においては、生徒や保護者への直接的な相談活動（⑤）より前に、教師へのコンサルテーション（①）、事例検討会での助言（②）、研修会の実施支援（③）、研修会における講師（④）等、教師を支援し、教師・学校の相談機能を高めることで間接的に生徒や保護者の支援を行う活動が挙げられていた。一方、当該校においては、SCは校務分掌上への位置付けもなく（関連委員会のメンバーとなっておらず）、定期的な情報交換・協議の場も設定されていない中で、生徒・保護者への直接的援助に偏った活用となっていた。教師への研修やコンサルテーション等を通してSCの専門性を教師の生徒理解や対応スキルの向上に生かすという活用がなされているとは考え難い状況にあった（名古屋市立中学校生徒の転落死に係る検証委員会、2014）。もっとも、これは当該校に特有というわけではなく、SCの仕事は問題を抱えた当事者への個別支援中心という認識はSC自身にも強く、また週に1回程度の配置では現に問題を抱える児童生徒支援中心とならざるを得ず、また、校務分掌の中に実質的に位置付けるに至らないという現実があったことも否めない。

そこで、検証報告書では再発防止に向けての提言の項目の一つにSCの多面的活用として、「予防啓発的活動から問題対応まで」と「生徒への直接的支援から学校全体への支援まで」を挙げた。予防啓発的な活動を通して学校全体に働きかけ、すべての児童生徒の心の健康を促進することで、学校全体に互いに支え合う雰囲気が生まれることが、いじめ予防に限らず、児童生徒の健全な成長発達に資することが期待される。

予防啓発的な活動で最も重要だと考えられる包括的な心の健康教育についても、項目を立てて、その実施について提言した。これまで学校現場で別々に取り組まれてきた薬物乱用防止、性に関する教育など特定の危機に焦点を当てた予防教育と、人間関係づくり、ストレス対処、コミュニケーションスキル促進などの基礎的な対人スキル育成の取組を体系的に行うことの意義を述べた。

このような教育を学級担任が担うことで、生徒の実態に即した実施ができるほか、特設の授業時間に限らず、教育活動全般に広げることが可能になる。学級、生徒の実態把握やそれに即したプログラムの選定、授業実施にSCが関わることで、効果的な実施とSCの相談への敷居を下げることにもつながる。

SCを包括的な心の健康教育も含めて多面的に活用することは、現行の配置体制であっても工夫次第である程度は可能であるものの、制約があることは否めない。検証報告書の執筆過程では、すでに平成26年度からの常勤ＳＣの導入が明らかにされていたことから、ＳＣが常勤化されることへの期待として、校務分掌上の明確な位置付け、先述した多面的な活用の保障、これらが実現することによる教師のエンパワメントが挙げられた。

2 チーム学校を実装する「なごや子ども応援委員会」の設置

こうして、平成26年4月からなごや子ども応援委員会が始動した。市長の全面的な肝煎りがあったとはいえ、これだけの短期間に多職種チームを常勤で学校に配置するというこれまでと全く異なったスキームを、伝統的な組織体制がずっと維持されてきた教育現場に持ち込み、具体的な動き方を整えることがどれほど大変であったかは想像に難くない。関係の皆様のご尽力に心からの敬意を表したい。ＳＣ、スクールソーシャルワーカー（以下、「ＳＳＷ」という）、スクールポリス、スクールアドバイザー（後にスクールセクレタリー）という4職種のチームとして、市内11のブロックに配置するというアプローチは画期的であった。

それだけに、当初は既存のシステムとの齟齬は否めなかったようである。それまでの非常勤ＳＣと子ども応援委員会を所管する部署が別組織であったこともあり、指揮命令系統をめぐるトラブルもあったと聞いた。しかし、振り返れば1995年にSCが全国154の公立学校に配置された際に「黒船の来航」と揶揄されたことを思えば、これほどのパラダイムチェンジで揺らぎが起こらないはずはないし、むしろそれこそが変革に向けて必要な揺れだったはずである。

ところで、なごや子ども応援委員会の職務としては、第一に未然防止につながる取組の支援、第二に日常活動を通して子どもたちの悩みや心配事の早期発見、第三に幅広い相談対応、第四に関係機関との連携強化が挙げられており、すべての子どもや保護者の支援を学校内はもとより、家庭や地域、関係機関との連携の上で目指す姿勢が明確に示されている。

一方、なごや子ども応援委員会が動き始めたこの時期、中央教育審議会ではチーム学校の実現に向けての検討が続けられており、平成27年12月には、「チームとしての学校の在り方と今後の改善方策について（答申）」（以後答申）が取りまとめられた。「チームとしての学校」実現のための具体的方策として挙げられた三つの方策のうち、第一に掲げられた「専門性に基づくチーム体制の構築」の具現化されたものが、なごや子ども応援委員会そのものであろう。そこに挙げられている教員以外の専門スタッフの参画や地域との連携体制の整備は、先に触れたなごや子ども応援委員会の職務と重なる。

答申においては、専門性に基づくチーム体制の構築に関して「少数職種が孤立しないよう、学校全体で意識改革を行い、専門性や立場の異なる人材をチームの一員として受け入れること」と記載されている。しかしながら、学校、特に中学校においては学年単位がチームとなって動く文化が根強く、ＳＣやＳＳＷが単独に常勤配置されたとしても、そのような学校文化の中でチームの一員として機能することは必ずしも容易なことではない。この点で、なごや子ども応援委員会のＳＣ、ＳＳＷ、スクールセクレタリー、スクールポリスのチームが、学校全体を構成するサブ・グループの一つとして学校に配置されたことは、早い段階から力を発揮するための有効な手段と言えよう。

3　チームとしての学校が実現するために

先にも述べたように、単に常勤配置されただけではＳＣやＳＳＷがチーム学校の一員として機能することは難しい。なごや子ども応援委員会の取組は、種々の専門職を含む学校がワン・チームとして機能するための種々の具体的な施策がパッケージ化されたものと言えよう。事務局校への専門職チームの配置からのスタート、週１日のブロック単位のチーム会議による相互研修と専門職相互のネットワーク構築、その前提としての相当時間数の全体研修を通してのスタッフの資質向上と共通認識の醸成がなされている。さらに、支援職出身の主任の応援委員会事務局への配置により、現場の声に即したＰＤＣＡのサイクルを回すシステムが整えられてきている。名古屋市の学校改革が子どもを真ん中に据えているように、支援体制についても現場のスタッフを中心とした形となっている。

このような体制を整えるには多くの財政負担を伴うため、このままを全国に広げることは不可能であろう。しかしながら、教育委員会単位での常勤ＳＣやＳＳＷチームの設置、チームが主体となっての地域ブロック単位での定期的なチーム会議の実施などは、既存のシステムを若干拡張・改変することで実現可能ではないかと思われる。なごや子ども応援委員会の取組について、そのマインドとともに発信していただくことで、全国の子どもたちを応援する仕組みが広がっていくことを期待したい。

・名古屋市立中学校生徒の転落死に係る検証委員会（２０１４）「検証報告書」
https://x.gd/8McGb
・中央教育審議会（２０１５）「チームとしての学校の在り方と今後の改善方策について（答申）」
https://x.gd/0F24U

Section 6

ナゴヤ学びのコンパス策定

政令市をあげた教育改革である、ナゴヤ・スクール・イノベーション事業、そしてなごや子ども応援委員会の展開を経て、名古屋では「子ども中心の学び」を軸とした、新たな全市的教育指針、「ナゴヤ学びのコンパス」を策定した。公教育のミライに向けた挑戦が始動する！

ナゴヤ学びのコンパスとは

名古屋市教育委員会事務局新しい学校づくり推進室指導主事　上川　高史

1　ナゴヤ学びのコンパスが目指すもの

これまで、ナゴヤ・スクール・イノベーション事業（以下、「ＮＳＩ事業」という）での実践を通じて、子どもたち一人ひとりの興味・関心や能力・進度に応じた個別最適な学びと協働的な学びへのアプローチを図り、各実践校での子どもの学びに向かうまなざしや先生方の指導方針がいかに変容してきたか、様々な角度から紹介してきた。

私たち名古屋市教育委員会は、幼稚園から高等学校までの４０９校園のすべての市立学校園において、ＮＳＩ事業の取組が浸透し、市立学校園に通う約17万人の子どもたちが、これまで以上に生き生きと学ぶ姿を実現したいと考えている。

そのために欠くことのできないプロセスが、実践校の取組の中から見えてきた。それは、「学校教育が目指す姿」をすべての教職員が対話を通じて理解・共有することである。名古屋市の学校教育が何を目指し、どのような子ども像に向かうべきか、そして、そのような子どもを育むためにはどのような学びが必要なのか、基本的な考え方を整理し、名古屋市の学びの方針をもつことが必要であると考えた。

すでに学校園での学びについては、国が定める学習指導要領があり、その学習指導要領が目指す教育を実現するための中央教育審議会答申「『令和の日本型学校教育』の構築を目指して～全ての子供たちの可能性を引き出す、個別最適な学びと、協働的な学びの実現～」が示されている。それでもなお、これらが指し示す教育を実現していくためには、名古屋市の教育に携わる私たち自身において根本的な議論を行い、これまでの名古屋市の実践を踏まえて、私たちの言葉として、教育のあるべき姿を言語化し、学びの方針として共通認識することが必要不可欠だと感じた。そして、この方針を踏まえて、各学校園において、すべての教職員が自校園の目指す子ども像を共有し、創意工夫した取組を進めていくため、教職員間でとことん対話をしてほしいと考えている。

策定する名古屋市の学びの方針は、名古屋市のすべての子どもが学びを通して自分らしく、幸せに生きていくことができるよう、名古屋市の学びの基本的な考えを整理するものとし、具体的な活動内容は、各学校園が主体的に考え、設定することを念頭に置いている。いわば、山の頂として同じ目的地をもちつつも、山頂に至る登り道は各学校園が自ら考え、登り進めていく。私たち教育委員会は、各学校園が取組を進めていくために必要な実践手法や参照データ等を収集・提供し、学校の活動に伴走する。こうしたスタンスを前提として、学びの方針の策定を進めることとした。

この学びの方針の策定に当たっては、幼稚園から高等学校までの各学校種における本市教職員代表、PTA代表に加え、熊本大学准教授の苫野一徳氏、独立行政法人教職員支援機構理事長の荒瀬克己氏、上智大学教授の奈須正裕氏の3名を委員にお迎えし、名古屋市学びの方針検討会議を立ち上げ、検討することとした。名古屋市の学校教育に関する基本的な考えを明確化する、本市初の取組が始まる。

2／名古屋の学びに期待する声

(1) 学びの方針検討会議での主な意見

令和4年7月に立ち上げた学びの方針検討会議では、苫野一徳准教授に会長を務めていただきながら、学識経験者、教職員代表、PTA代表の各委員から、実に熱い議論を重ねていただいた。学びの方針は、令和5年9月の策定・公表までに、計6回の検討会議での会議と、学校の教職員や教育委員会指導主事で構成するワーキングチームで計8回の検討を行った。

ここでは、検討会議での各委員の意見を、ほんの一部であるが紹介したい。

○まずは、「子どもは有能な学び手である」という子ども観に転換することが大切であることを示してほしい。
○子どもの学びに伴走することの本質は「対話する」ことにあり、「対話する」姿勢は、相手を尊重する姿勢にほかならない。対話なくして、学びはない。
○「自由な市民」「ゆるやかな協働性」など、聞きなれない言葉があるが、名古屋市で大切にしたい言葉として育てていくとよいのではないか。
○学びの方針は、学びの型を示すものではなく、進む方向性を示した羅針盤であることを考えると、「学びのコンパス」という名称はよいと思う。

こうした検討の末に、学びの方針は「ナゴヤ学びのコンパス」（以下、「学びのコンパス」という）という名称を掲げて進めていく、ということが検討会議で確認された。

(2) 教職員や保護者、子どもたちからの主な意見

シンポジウムを開いて市民から意見を聞いたり、学校で児童生徒と対話を行ったりして、これからの名古屋の学びに期待することについて得られた意見を一部紹介したい。

（子どもたちから）

○自由に学習できるスタイルだと、やる気が出ると思う。

○小さい頃から自分自身が学びたいことを追究したい。

（保護者や地域から）

○好きなこと、得意なことを見つけて、伸ばしていく学習を進めてほしい。

○地域社会と連携して、大人と接しながら学習に取り組むとよい。

（教職員から）

○自由、伴走する、ゆるやかな協働性、自律といった言葉は大切にしたい。

○教員も自由な市民なのだから、教育方法は学校や人によって違ってもよい。

これらの様々な意見を学びのコンパスに取り入れ、名古屋市の教育に関わるすべての人にとってわかりやすく、納得が得られるものを目指した。

3 子ども中心の学びの実現に向けて

名古屋市のすべての学校園で子ども中心の学びを実現し、子どもたち一人ひとりが自分らしく、幸せに生きていくことができるようにするために、以下に示す考えを理解し、新しい学びを実践していく心構えを促す学びのコンパスを策定した（257ページの図参照）。

(1) 実現したい市民の姿

↓「自由な市民として互いを認め合い、共に社会を創造する」

子ども中心の学びの実現のために、どのような学びの在り方を目指すかを検討する前に、そもそも何のために学校教育があるのかを共通理解しておく必要があり、その姿を「実現したい市民の姿」として整理した。

私たちは、誰もが「自由」に、つまり、生きたいように生きることができる社会を目指している。そのためには、誰もが対等で、互いの存在を認め合いながら共に社会を創造していくことが大切であり、子どもたちをそのように育むことが名古屋市の考える公教育の目的であると考え、「自由な市民として互いを認め合い、共に社会を創造する」姿を、実現したい市民の姿とした。

(2) 目指したい子どもの姿

↓「ゆるやかな協働性の中で自律して学び続ける」

実現したい市民の姿を意識した上で、名古屋市の学校教育において目指したい子どもの姿について検討した。

これからの予測困難な時代を踏まえると、これまでの学びの在り方を社会の在り方に合わせて変えていくことは不可欠であり、どのような社会になったとしても、子どもたちが自律して学び続けることが大切だと考えた。自律して学ぶことができるよう、子ども一人ひとりの興味・関心等に合わせ、自分に合った学習方法や内容で学べるよう、個別最適な学びの実現を目指す。また、子どもたちが必要に応じて、大人や仲間の力を借りたり、人に自分の力を貸したりする「ゆるやかな協働性」も合わせて大切にすることで、どの子も安心して学びに取り組み、互いの考えを深め合うことができるようにしたい。

(3) 重視したい学びの姿

↓「自分に合ったペースや方法で学ぶ」

↓「多様な人と学び合う」

↓「夢中で探究する」

これまでの先進的な取組や名古屋市の実践で見られた姿の中から、子どもたち一人ひとりが興味・関心、能力や特性などの個人差に合わせて、自律して学んでいる姿の特徴をとらえ、重視したい学びの姿として3点示した。

子どもたち一人ひとりの学びを教師が適切に支援しながら、できるだけ子どもたちが自己選択・自己決定できる場を学習の中に多く設定することで、「自分に合ったペースや方法で学ぶ」ことができるようにしたい。子どもたちには、学習方法を自ら設定し、自分の学びの見通しをもって主体的に学習に取り組んでほしい。また、自らの学習の様子を振り返り、次に取り組むべき学習を自分で調整していく様子も見られるようにしたい。

自分の考えを深めるためには、「多様な人と学び合う」ことが大切である。まずは、学級の仲間と安心して学び合うことができるよう、「ゆるやかな協働性」を醸成することを意識したい。そのうえで、他の学級や異年齢の仲間、地域の人など、多様な人と学び合うことで、考えをさらに深め、発展していくことができるようにしたい。

そして、子どもたちには、「夢中で探究する」ことを通して、学びの面白さを感じ、自分の好きなことや得意なことを見つけてほしい。自分が見つけた問いにじっくりと向き合い、自分なりの仕方で、自分なりの答えにたどり着き、また新たな問いをもつという、学びのサイクルを回しながら学び続けてほしいと考える。

一つでも重視したい姿が学びの中に見られるように、できるところから実践したい。

(4) 大人が大切にしたいこと

「子ども中心の学び」を実現するためには、(3)で示した学びの姿・方法だけを真似て実践しようとしても、うまくいかない。一番大切なのは、教育に関わるすべての大人が、「子どもは有能な学び手であると理解し、子どもの学びに伴走する」という子ども観を理解し、皆で共有することだ。すべての子どもは、適切な人や環境と出合うことで、自ら進んで環境に関わり、自ら学びを進め、深めていく存在である。そのように理解した上で、子どもの学びに伴走することが大切であると考えた。

学びのコンパスでは、子どもの学びに伴走する視点を3点示している。

「子ども一人ひとりの思いや願いを尊重する」：子どもは一人ひとり違っているし、違っていていい存在であり、互いにその存在を尊重し、多様性を受け止める場にしていくことが学校園には求められる。

ナゴヤ学びのコンパス策定

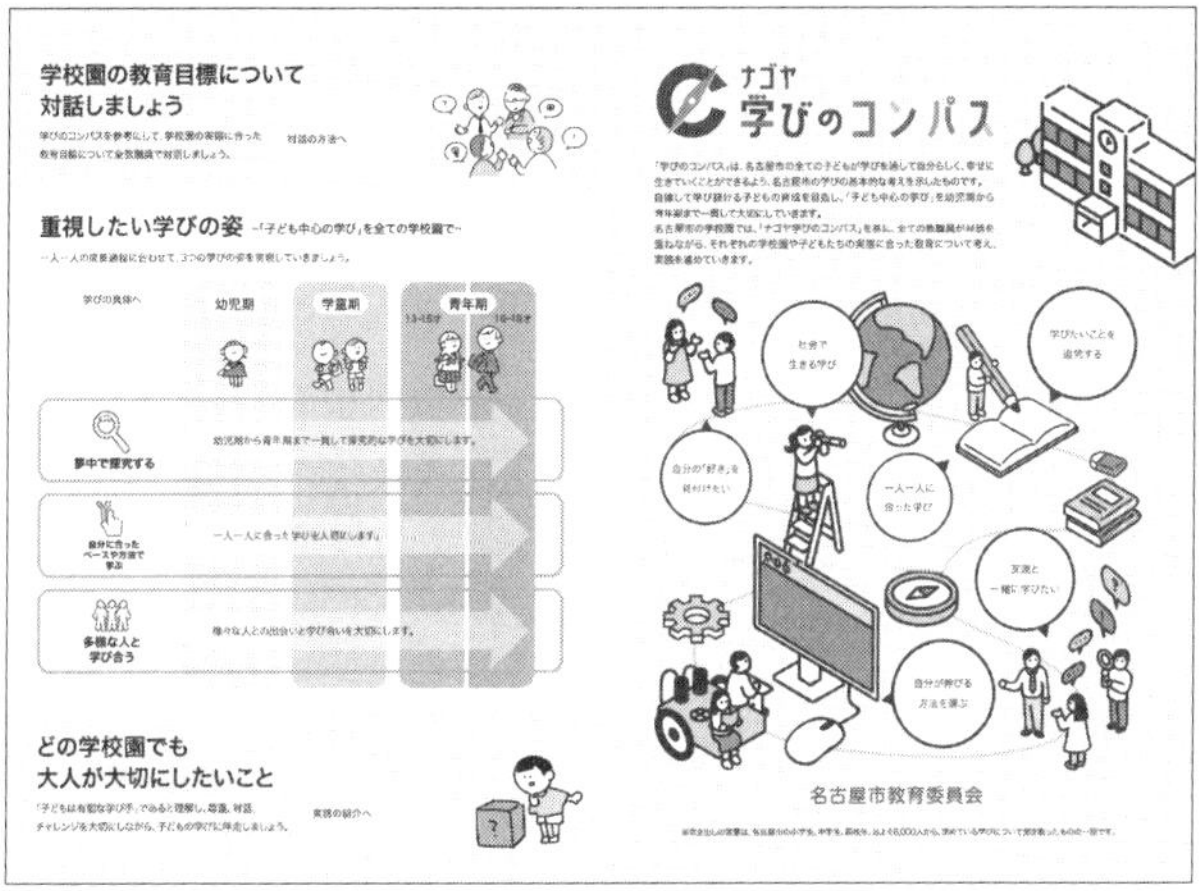

【学びのコンパス概要版（外面)】

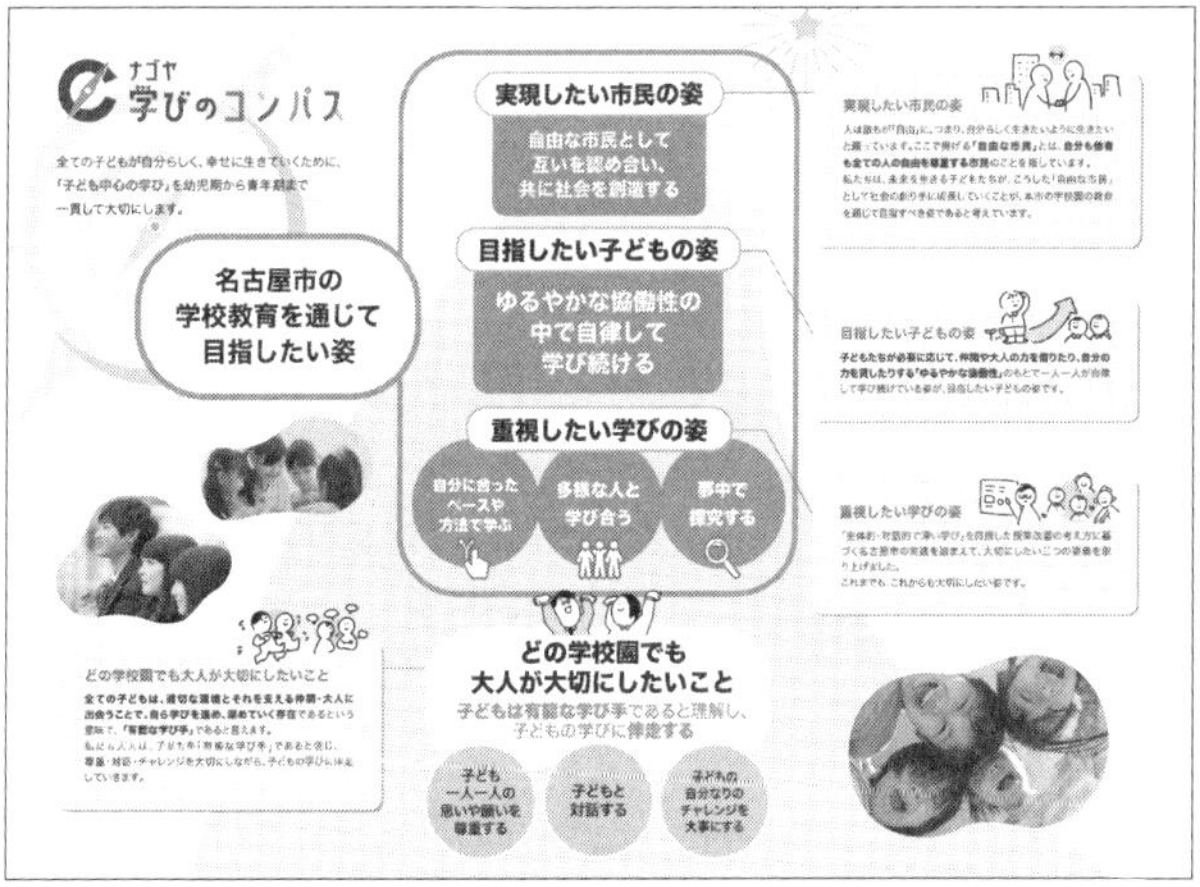

【学びのコンパス概要版（内面)】

「子どもと対話する」：「伴走する」ことの本質は、「対話する」ことにある。教師が子どもに伴走し、子どもが自分自身で考えや意見を見出すことができるようにするためには、子どもと大人が互いに学び合う関係性を築く必要があり、対話が重要になる。

「子どもの自分なりのチャレンジを大事にする」：すべてのことにチャレンジを促すということではなく、苦手なことでも、自分なりの関わり方や追究の仕方で取り組んでいけるよう、「やりたい」を大切にし、常に応援し、安心して学べるようにする。

4　学びのコンパスと共に進む名古屋の学校

令和5年9月に学びのコンパスを策定・公表した後は、どの学校園でも子ども中心の学びが実現できるよう、学びのコンパスの考えを浸透させるための様々な取組を行う。

一つは、「校園長対話集会」である。学びのコンパスの考えについて、名古屋市すべての学校園長に説明するとともに、対話を行うことで、理解を深めたい。また、同じ中学校ブロックの学校園長同士で、共通理解したい子ども像や学びの姿について対話してもらい、同じ思いをもって学びの実践に取り組んでほしい。さらには、令和6年度の実践に向けて、校園長が中心となって、自校園の教職員と学びのコンパスの考えを共有してもらうとともに、自校園の実態に合った年度目標（目指す子ども像）や実践の具体を検討してほしい。学びのコンパスの考えを参考に、すべての教職員が納得できる年度目標を設定し、教職員それぞれの強みや思いを生かした実践を行うことで、自律して学び続ける教職員を目指してほしい。教職員の自律した学びが、子どもたちの自律した学びにつながると考える。

もう一つは、令和6年度に策定される「名古屋市教育振興基本計画」である。令和6年度からの5年間、名古屋市の教育は、次期教育振興基本計画に従って様々な施策が講じられることになるが、この計画については、学びのコンパスを基本的な考えとして策定することが予定されている。つまり、名古屋市の教育施策は、学びのコンパスの実現を目指して講じられることになる。

教育委員会が一丸となって、学びのコンパスの実現を目指して動き始めるのだ。

Topic 6

「ナゴヤ学びのコンパス」に期待すること

上智大学教授　**奈須　正裕**

30年近く前のエピソードになるが、不登校の子どもがこんな言葉を残している。言うまでもなく、「あそこ」とは学校のことである。

「あそこには、やらなきゃいけないことと、やっちゃいけないことしかない」

当然、この後に続くのは「だから僕はあそこには行かない」であろう。

分量的には、カリキュラムのほんの一部でも構わない。学校を、すべての子どもにとって「やりたいこと」のある場所にしたい。近年、幼児教育から高等学校まで、子どもたちが自らの求めに応じて自在に探究できる学びの場の保障が、広がりと深まりを見せている。従来の学校のイメージを、大きく変える動きと言えよう。

もちろん、学校には「やらなきゃいけないこと」もあるし、量的にはむしろそのほうが多いに違いない。しかし、それ自体は子どもたちだって理解も納得もしている。子どもたちが求めるのは、「自分にあったやりかた」や「自分たちのペース」でやっていい場所になることである。全員が習得すべきことが決まっている教科学習においても、多様性と豊かさを兼ね備えた学習環境のもと、一人ひとりがどのように学び進めるのかを自己決定・自己選択できる個別最適な学びの場の創出は、この要求に真正面から応えるものである。たったそれだけの変化で、子どもたちは喜々として「やらなきゃいけないこと」に取り組み、ついには教師が進める従来型の授業にも積極的に参加するようになる。

中央教育審議会答申「『令和の日本型学校教育』の構築を目指して～全ての子供たちの可能性を引き出す、個別最適な学びと、協働的な学びの実現～」の背景には、近年における子どもの多様性の量的・質的な拡大がある。発達障害の可能性のある子ども、不登校や不登校傾向の子ども、経済的な困難を抱える子ども、海外にルーツをもつ子ども等の増加に加え、これまで十分に光が当てられることがなかった、特定分野に特異な才能をもつ子どもについても、文部科学省はようやく本格的な検討を開始した。

これらの子どもに最大限のサポートを行うのは、社会が果たすべき当然の義務である。しかし、多様性はこれらの子どもたちだけの問題ではない。「特に困っていない」「何とかやれている」子どもにも多様性はある。どの子も、その子ならではの独自な要求や都合を抱えて教室にいるという把握が大切である。

すべての子どもは幸せになる権利をもって生まれてくる。その子らしく十全に学び育つ権利、いわゆる学習権・発達権も、当然その中に含まれる。

子どもがうまく学べないのは、子どもの側に障害があるのではなく、カリキュラムや学習環境が子どもの学びの障害となっているからである。一人ひとりの実情に即して、可能な限り柔軟にカリキュラムや環境構成を工夫する。今やこれが世界のトレンドであり、ようやく日本もその方向に舵を切り始めた。今回の「個別最適な学び」の提起は、そのような思想的枠組みの中で理解される必要がある。

もっとも、「個別最適な学び」に連なる原理や実践それ自体は、書物中心の一斉画一的な指導に明け暮れてきた近代学校に対する批判と改革の中で様々に取り組まれ、議論されてきたものであり、日本にも過去100年に及ぶ膨大な実践資産が蓄積されている。

「令和の日本型学校教育」と通底する教育は、すでに大正期に数多く存在していた。例えば、木下竹次の『学習原論』(目黒書店)は1923年、今からちょうど100年前に刊行されているが、今日話題になっていることのほとんどは、その中に極めて精緻に、また手立ても含めて具体的に描かれている。広く海外の理論や実践に学ぶとともに、足元に埋まっている先人の知恵や努力にしっかりと学びたい。

一方、しばしば「個別最適な学び」と対峙するかのように語られる「協働的な学び」もまた、実は近代学校に対する批判と改革の中で拡充を遂げてきた実践動向にほかならない。両者に共通するのは、子どもたち自身による自立的な学びの推進であり、その背後にある、すべての子どもは有能な(competent)学び手であり、適切な環境なり状況と出合いさえすれば、自ら進んで学ぼうとするし、学ぶことができるという事実認識である。

何より「協働的な学び」でも、多様性は鍵となる概念である。「協働的な学び」が実現を目指すのは、単にみんなで心を一つにし、力を合わせて頑張るとか、集団としてのパフォーマンスの向上を目的に個人が最大限の努力をするといったことではない。

そういえば、こういった文脈でかつて頻繁に使われた「集団」という言葉が、近年ほとんど使われなくなっている。「協働的な学び」が「集団」としての成果を目安とした学びではなく、多様な「個」の間でこそ生じる互恵的な学びであり、その成果もまた一人ひとりに帰っていくことを目指しているのは、このあたりからも明らかであろう。

「令和の日本型学校教育」の実践創造に際しては、そのような特質をもつ「個別最適な学び」と「協働的な学び」がそれぞれに充実するとともに、両者の間に相補的で相互促進的な関係を構築することが望まれる。

このような動きの中で浮き彫りになってくるのは、一斉画一的な指導に象徴される伝統的な学校の在り方では、すでに子どもの学習権・発達権の十全な保障は困難であるという事実である。ＯＥＣＤ（経済協力開発機構）等の高い評価からも明らかなように、国際的に見て日本の学校教育はけっしてうまくいっていないわけではない。しかし、順風満帆というわけでもないのは、誰しもが薄々気づいている通りであろう。

「いやいや、大丈夫。日本の学校はね、まだまだやれますよ」

先日、ある校長からこんな声を聞いた。しかし、絶好調のとき、人は「まだまだやれる」

とは言わない。すでにかなり危ういということに気づいているからこそ、つい口をついて出た言葉なのだと思う。

一番まずいのは、薄々気づいているにもかかわらず、不都合な事実から目をそらし、結論を先送りすることである。その間にも事態は着実に深刻さの度合いを増していき、ついには取り返しのつかない地点にまで達してしまう。このあたりの感覚は、地球環境を巡る現在の状況と似ているかもしれない。

先の校長と同じ「まだ」という表現を使うなら、正しくは「今ならまだ間に合う」であろう。いや、この表現にしたところで、その後に「かもしれない」をつけないといけない可能性すら十分にある。もはや、事態は一刻の猶予もないほどに切迫している。

では今、何をすべきか。本書で報告されている名古屋市の様々な挑戦、それらの成果を受けて、今回「ナゴヤ学びのコンパス」として取りまとめられた内容のすべては、この問いに真摯に答えようとする中で生み出されてきたものである。

もちろん、前述の中央教育審議会答申なども含め、国のレベルでも様々な取組は迅速かつ着実に進められている。ただ、この国は国土こそ狭いものの、人口規模では1億2000万人を超える大きな国である。近代以降、世界をリードしてきたイギリス、フランス、ドイツなどヨーロッパ諸国の人口は、いずれも1億人に達しない。フィンランドは質の高い教育を実現しており、見習うべきところが多々あるが、人口は550万人に過ぎない。同じく、よく話題に上るエストニアも130万人ほどである。

人口規模で言えば、アメリカは3億人を軽く超えているが、教育政策は州政府が立案・実行するのが基本である。一方、日本ではアメリカの連邦政府に当たる国のレベルで、細々としたことまで逐一議論し、決定してきた。このやり方には強みもあるが、様々な限界もある。日本の地方自治体にも、「中央政府」としての国の政策を受けての下請け的、後追い的な展開だけではなく、「地方政府」としての自立性と創造性を存分に発揮した、すぐれて大胆かつ周到な独自政策の立案と実行が望まれる。

名古屋市の人口は230万人。世界には同程度の人口規模の国はいくらもあるし、アメリカで言えばユタ州が似た規模になる。「ナゴヤ学びのコンパス」をはじめ、本書で語られている名古屋市の挑戦は、今後における日本の地方自治体の教育政策の立案と実行の在り方にとって、大いに参考となる先進的な取組と言えよう。

地方が明確な理念と戦略をもって自走すること、個性的な取組を打ち出し、カラフルに展開することが、この国の未来にとっては極めて重要である。本書の副題である「子ども主役の学校へ、いま名古屋から」と似たようなモチーフは、これまでも繰り返し語られてきたが、残念ながら十全に実現したことはほとんどない。今度こそ、名古屋市の取組が字義通りの成果を挙げることを、切に期待している。

おわりに

いじめ、不登校、自死などの原因となる、子どもの抱える様々な不安を少しでも減らすために、授業の中に居場所をつくることを思い立ってから5年。本書で紹介した様々な実践を経て、名古屋市教育委員会が策定した学びの方針「ナゴヤ学びのコンパス」は動き始めたところである。すべての学校・園が令和6年度に向けて、自分の学校の目指す新たな教育活動を模索し始めた。特別な一校や数校のモデル校が進めるのではなく、幼稚園20園、小学校261校、中学校110校、高校14校、特別支援学校4校が各学校・園の子どもの様子や地域の状況をしっかりととらえ、目標を定めて、何をすべきかを考えている。

先日、名古屋市立の幼、小、中、特別支援学校のすべての校園長を集め、「ナゴヤ学びのコンパス」のための対話集会を行った。その中で、最後に中学校ブロックで今後の学びの進め方を話し合った。これは、幼稚園、小学校の校園長が、一貫教育として中学校を卒業するときの子どもの姿を考えるきっかけとなった。校種が変わり、環境が変わる際に、子どもの学びまで変わってしまうことを避けるために大切なことである。名古屋の子どもたちが「ナゴヤ学びのコンパス」を基にした学びを安心して続けることが重要なのである。

一貫校として素晴らしい実績を上げている学校が全国にあり、市全体で小中一貫校として取り組んでいる市もある。名古屋市が目指すのは、校種が変わっても連続して「ナゴヤ学びのコンパス」を基にした学びをしていくことである。これには、授業の内容・方法の変化だけでなく、教職員の子ども観を変えていくことは不可欠である。

校園長対話集会で一番話題に上がったのは、子ども観を変えるためにどうしたらよいのだろうか、理想はわかるが現場で進める不安についてであった。自分の学校の例を挙げて熱く語る校長、それを真剣に聞いてメモを取る校長。あちこちで、学びについて語り合う様子から、一歩踏み出そうとする校園長の思いを感じた。しかし、校園長だけでは決して進まない「ナゴヤ学びのコンパス」である。立場の異なる教員を集めた対話集会や各学校での現職教育、またブロックでの現職教育、さらには教育センターでの様々な研修を活用して、「ナゴヤ学びのコンパス」を推し進めていきたいと考えている。

公教育のチャレンジは、始まったばかりである。教員の世界だけではないが、新しいことに踏み出すのには大きなエネルギーが必要であり、継続していくには成果と課題をしっかりと分析しなければならない。これから根付くかどうかが本当の意味で正念場となる。校園長対話集会でキックオフした「ナゴヤ学びのコンパス」を名古屋の子どものためにしっかりと広めていくことを会場の熱い空気から改めて決意した。

変えるぞ、ナゴヤの学び。変わるぞ、ナゴヤの学び。

令和６年　**名古屋市教育委員会**

執筆者紹介 ※執筆順（令和6年2月現在）

● はじめに

名古屋市教育委員会

● *Section1*

名古屋市教育委員会

苫野一徳　熊本大学准教授

中谷素之　名古屋大学教授・名古屋市教育委員

岡田　涼　香川大学准教授

● *Section2*

平松伯文　名古屋市教育委員会事務局新しい学校づくり推進室長

水谷章一　名古屋市教育委員会事務局学校保健課長

● *Section3*

松山清美　名古屋市立栄小学校長

中村浩二　名古屋市教育委員会事務局指導室指導主事

● *Section4*

山内敏之　名古屋市立山吹小学校長

岩本　歩　名古屋市教育委員会事務局新しい学校づくり推進室指導主事

堀　初恵　名古屋市立大高小学校教頭

● *Section5*

平松伸晃　名古屋市教育委員会事務局子ども応援室長

平松伯文　名古屋市教育委員会事務局新しい学校づくり推進室長

窪田由紀　九州産業大学学術研究推進機構科研費特任研究員

● *Section6*

上川高史　名古屋市教育委員会事務局新しい学校づくり推進室指導主事

奈須正裕　上智大学教授

● おわりに

名古屋市教育委員会

学校は誰のもの？

～子ども主役の学校へ、いま名古屋から～

2024（令和６）年４月30日　初版第１刷発行
2024（令和６）年５月24日　初版第２刷発行

著　者　　名古屋市教育委員会
編　者　　中谷素之・松山清美
発行者　　錦織圭之介
発行所　　株式会社　東洋館出版社
〒101-0054 東京都千代田区神田錦町２丁目９番１号
　　　　　コンフォール安田ビル２階
代　表 TEL：03-6778-4343　FAX：03-5281-8091
営業部 TEL：03-6778-7278　FAX：03-5281-8092
振替 00180-7-96823
URL　https://www.toyokan.co.jp

［装　丁］中濱健治
［装　画］おおたきまりな
［組版］株式会社明昌堂
［印刷・製本］株式会社シナノ

ISBN978-4-491-05455-1　Printed in Japan